글 권용찬

동화, 칼럼, 만화 시나리오 등 여러 분야에서 활동하고 있으며 환상적이면서도 감동이 있는 글을 쓰고 싶어 합니다. 주요 작품으로는 장편 소설 《설이움》, 동화 《두두리의 모험》, 《만화 통째로 한국사》 시리즈, 《만화 인물 평전》 시리즈 등이 있습니다.

그림 김광일

2003년에 만화계에 발을 내디뎠습니다. 지금은 어린이들이 공부와 재미 두 가지를 동시에 잡을 수 있도록 재미난 학습 만화를 그리는 데 최선을 다하고 있습니다. 대표작으로 《who? 스페셜 손흥민》, 《who? 인물 사이언스 장영실》 등이 있으며, 이 책의 그림을 그릴 때 배경은 우선옥 작가, 채색은 김문수 작가와 함께했습니다.

감수 장의식(중국사학회)

고려대학교에서 중국 근대사를 전공한 문학 박사로, 대구대학교 역사교육과 명예 교수로 있습니다. 중국사학회 회장을 맡고 있으며, 주요 논저로는 《19세기 중국사회: 서양의 충격과 대응(공저)》, 《역사 이야기》 등이 있습니다.

감수 김종건(중국사학회)

경북대학교에서 중국 근대사를 전공한 문학 박사로, 대구한의대학교 기초교양대학에서 강의하고 있습니다. 중국사학회 부회장을 맡고 있으며, 주요 논저로는 《중국 근대화를 이끈 걸출한 인물들(공저)》, 《간신과 충신(공저)》 등이 있습니다.

 CHINA 인물 중국사

캉유웨이 · 위안스카이

초판 1쇄 인쇄 2020년 11월 20일
초판 1쇄 발행 2020년 12월 14일

글 권용찬 **그림** 김광일 **표지화** 임성훈
펴낸이 김선식

경영총괄 김은영
콘텐츠개발본부장 채정은 **콘텐츠개발 1팀** 전희선 권유선 남정임 최서원
마케팅사업본부장 도건홍 **마케팅 1팀** 오하나 유영은 **마케팅 2팀** 안지혜 이소영 **마케팅 3팀** 안호성
영업본부장 오선희 **영업팀** 이선희 조지영 강민재
저작권팀 한승빈 김재원
경영관리본부 허대우 하미선 박상민 김형준 윤이경 권송이 김민아 이소희 김재경 최완규 이우철
외주편집 조정인 원선희 **북디자인 포맷** 박연주 이유정

펴낸곳 다산북스 **출판등록** 2005년 12월 23일 제313-2005-00277호
주소 경기도 파주시 회동길 357 2층 **전화** 02-703-1723 **팩스** 070-8233-1727
다산어린이 공식 카페 cafe.naver.com/dasankids **who? 시리즈몰** www.whomall.co.kr
종이 · 인쇄 · 제본 (주)갑우문화사

ISBN 979-11-306-3239-1 (14990)

캉유웨이 · 위안스카이

다섯 어린이

중국의 역사를 알면 우리 역사가 보입니다

우리나라와 거리상 가장 가까이 있는 나라는 어디일까요? 바로 중국입니다. 지금은 러시아와도 국경을 맞대고 있지만 100년 전만 하더라도 우리와 국경을 맞댄 나라는 중국뿐이었습니다.

이러한 중국은 우리에게 어떤 의미를 가질까요? 긍정적인 면과 부정적인 면이 공존할 것입니다. 바로 이웃하여 살다 보니 좋은 것은 가장 먼저 취할 수 있었지만, 침략도 받고 간섭도 받았지요. 앞으로도 우리나라와 중국은 서로 크고 작은 영향을 주고받으며 살아갈 것입니다.

중국은 메소포타미아, 인더스, 이집트와 함께 인류의 문명이 시작된 세계 4대 지역 중 하나입니다. 다른 고대 문명이 지금은 사라진 것과는 달리, 중국은 세계 2대 강국으로 올라서 있습니다. 또한 중국은 예부터 가장 많은 사람이 살았고, 지금도 세계에서 가장 인구가 많은 나라입니다. 그러다 보니 중국에는 수많은 영웅호걸과 걸출한 인물들이 나타났습니다. 이들의 일생을 살펴보는 것은 중국 역사의 큰 흐름을 보는 지름길입니다. 이들이 민중과 함께 중국 역사의 큰 흐름을 만들어 나갔기 때문이지요.

《who? 인물 중국사》 시리즈는 중국의 장대한 역사 속에서 결코 빼놓을 수 없는 인물을 추려 그들의 일대기를 살펴봄으로써 중국 역사의 큰 흐름을 짚어 내고자 한 야심 찬 작품입니다. 이 시리즈가 이웃 나라인 중국 역사에 대한 더 넓고 깊은 이해를 돕는 훌륭한 안내자 역할을 하리라 기대하며, 나아가 역사의 거울을 통해 우리의 현재와 미래도 들여다보는 계기가 되기를 바랍니다.

역사는 누가 만들어 갈까요? 지진이나 전염병과 같은 수많은 요소들이 있지만, 역사를 만드는 주체는 역시 인간입니다. 역사를 개별 사건으로 접근한 것이 아니라 사람을 통해 접근했다는 점이 《who? 인물 중국사》 시리즈의 남다른 장점이라 생각합니다. 이 시리즈를 만난 여러분은 '중국 역사'라는 흥미진진한 미지의 세계를 탐험하는 함선에 오른 선장입니다. 모험과 열정으로 가득 찬 이 탐험을 통해 더 큰 꿈과 상상력을 키워 가길 기원합니다.

사람은 사람을 통해 배웁니다. 모든 사람이 나의 스승인 셈입니다. 역사 인물은 더욱 그러합니다.

장의식 중국사학회 회장, 대구대학교 역사교육과 명예 교수
고려대학교에서 중국 근대사를 전공한 문학 박사로, 대구대학교 역사교육과 명예 교수로 있습니다. 중국사학회 회장을 맡고 있으며, 주요 논저로는 《19세기 중국사회: 서양의 충격과 대응(공저)》, 《역사 이야기》 등이 있습니다.

중국의 미래를 알고 싶을 때 보는 책

중국은 역사, 문화적으로 우리와 많은 연관이 있는 나라이며, 앞으로 통일이 되면 더 많은 교류를 하게 될 나라이므로 관심을 가지는 것이 중요합니다. 중국을 이해하려면 먼저 그곳에 살고 있는 중국인에 대해 알아야 합니다.

《who? 인물 중국사》 시리즈는 중국 역사 속 인물을 만화를 통해 쉽고 재미있게 설명했습니다. 이들의 삶 속에는 중국 역사, 정치, 경제, 문화가 스며들어 있어, 읽다 보면 자연스럽게 중국에 대해 이해할 수 있습니다. 다음 《who?》 시리즈의 주인공은 바로 여러분이 될 것이라고 확신하며 이 책을 추천합니다.

이영순 서울중등중국어교과교육연구회 회장

이화여자대학교 외국어교육특수대학원 국제중국어교육 석사 학위를 받았습니다. 현재 용화여자고등학교 중국어 교사로 재직 중이며, 서울중등중국어교과교육연구회 회장을 맡고 있습니다. 초중고 중국어 교육에 관심이 많은 이영순 선생님은 CPIK(중국어 원어민 보조교사)와 협력 수업에 관한 강사로도 활동하고 있습니다.

21세기 세계 무대에서 활약할 어린이의 필독서

《who? 인물 중국사》 시리즈는 공자, 맹자를 비롯하여 삼국지의 유비, 조조, 제갈량 같은 고전 속 인물뿐만 아니라 현대 중국의 지도자에 이르기까지 과거와 현재를 아우르는 인물들의 이야기를 다루고 있습니다. 여러분은 재미있는 인물 이야기를 통해 흥미진진한 모험과 역경, 도전과 성공 등 중국 역사의 중요한 장면들을 만나게 될 것입니다.

여러분이 이 책을 통해 중국 문화와 역사를 더욱 깊이 있게 이해하고, 나아가 세계 무대에서 활약하기를 진심으로 응원합니다.

문정아 중국어연구소 소장

2002년부터 중국어를 가르치기 시작하여 2003년에 '문정아중국어연구소'를 설립했고, '누구나, 마음껏, 제대로 중국어를 배울 수 있도록 돕겠다'는 약속을 지켜 오고 있습니다. www.no1hsk.co.kr 에서 다양한 콘텐츠를 제작, 보급하고 있습니다. 저서로는 《중국어 천재가 된 홍대리》, 《문정아 리듬중국어 STEP 1~10》, 《문정아의 중국어 어법 교과서》 등이 있습니다.

구성 및 활용법

인물 만화

만화로 읽으면 중국사가 쉬워집니다.
생동감 넘치는 그림 연출과
몰입도 높은 대사를 통해
어렵게만 느껴졌던 중국 역사를
쉽고 재미있게 이해할 수 있습니다.

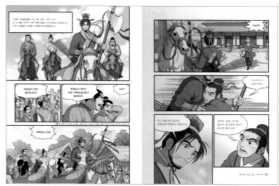

중국사를 알면
한국사가 쉬워져요!

역사 바로보기

만화로 만난 인물, 사건과 관련된
심화 정보를 사진과 함께 담았습니다.
중국의 정치, 사회, 과학, 문화 등
다양한 교과 연계 학습이 가능한
배경지식과 시사 상식이 가득합니다.

알찬 정보와
생생한 사진이 쏙쏙!

중국사 탐구

인물에 대한 재미있는 퀴즈를 풀어 보고, 역사와 관련된 장소를 찾아가 봅니다.
우리가 흔히 쓰는 고사성어의 유래를 알아보고, 흥미로운 주제로 찬반 토론도 해 봅니다.
더불어 시대별 연표를 통해 한국사와 통합적 이해를 도와줍니다.

복습까지 꼼꼼하게!
한국사와 통합 학습에
필요한 연표까지!

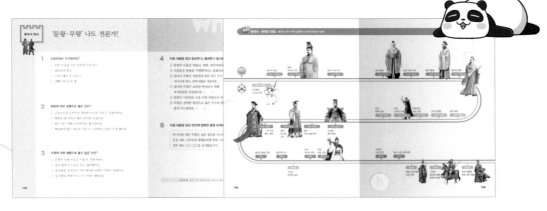

차 례

1616년	1840년	1858년	1859년
청나라 건국	아편 전쟁		

**변법을 주장한 청나라
말기의 개혁 사상가**

캉유웨이
1858~1927

청나라 말기에서 중화민국 초기의 정치가예요. 양무운동의 한계를 깨닫고 중국의 교육과 정치 제도를 근본적으로 개혁하려고 했어요. 청나라 제11대 황제인 광서제를 설득하여 입헌 군주제를 통한 개혁을 시도했으나 서 태후를 비롯한 보수파의 저항으로 실패했습니다.

**캉유웨이의 제자이자
정치적 동지**

량치차오
1873~1929

열일곱 살 때 캉유웨이를 만나 그의 개혁 사상에 감동하여 제자가 되었어요. 캉유웨이를 도와 강학회를 설립하고 정치 개혁을 주장했어요. 캉유웨이와 함께 시대를 앞서 간 선각자로서 지식인들에게 커다란 영향을 끼쳤습니다.

청나라 제11대 황제

광서제
1871~1908

쇠퇴해 가는 청나라를 바로 세워 개혁하려고 한 젊은 황제였어요. 네 살 때 황제의 자리에 올랐으나 서 태후의 섭정으로 능력을 펴지 못했어요. 캉유웨이가 주장한 변법자강 정책을 받아들여 개혁을 시도했으나 서 태후와 보수파 세력의 반대로 실패했습니다.

1911년   1912년   1915년

신해혁명   중화민국 수립   중화 제국 건국

청나라 말기의 군인 정치가
위안스카이
1859~1916

젊은 시절 군인 신분으로 조선에 들어와 10여 년간 조선을 심하게 간섭했어요. 청나라로 돌아온 후에는 신식 군대인 북양군을 이끌었습니다. 청나라를 무너뜨린 신해혁명 후 수립된 중화민국의 대총통이 되었으나, 그는 황제가 되고 싶어 했어요. 공화제를 뒤엎고 군주제로 돌아가려 했지만 실패했습니다.

청나라의 권력자
서 태후
1835~1908

청나라 제9대 황제 함풍제의 후궁으로 동치제를 낳은 생모입니다. 자희 태후라고 부르기도 해요. 사치와 향락을 즐겼으며 권력욕이 강했어요. 함풍제가 사망한 뒤, 동치제와 광서제의 섭정을 하며 권력을 누렸어요. 캉유웨이의 변법 운동을 탄압했습니다.

캉유웨이와 위안스카이가 활동한 시대는?

1895년 청일 전쟁의 패배와 그에 따른 서양 제국주의 열강에 의한 침탈로 청나라는 심각한 위기를 맞았어요. 이 무렵 청나라는 제11대 황제 광서제가 다스리고 있었지만, 정권은 서 태후가 장악하고 있었지요. 어른이 된 광서제는 직접 나랏일을 처리하며 서 태후가 장악한 권력을 되찾고 무너져 가는 청나라를 개혁하고 싶어 했어요. 광서제는 캉유웨이의 변법자강 운동에 동조하여 개혁을 추진하려고 했어요. 하지만 서 태후와 보수파의 극심한 반발로 개혁은 실패하고 말았습니다. 서 태후는 광서제를 유폐한 후 다시 권력을 잡게 되었고, 청나라는 급격히 몰락의 길을 걷게 됩니다.

캉유웨이와 주변 인물
위안스카이와 주변 인물

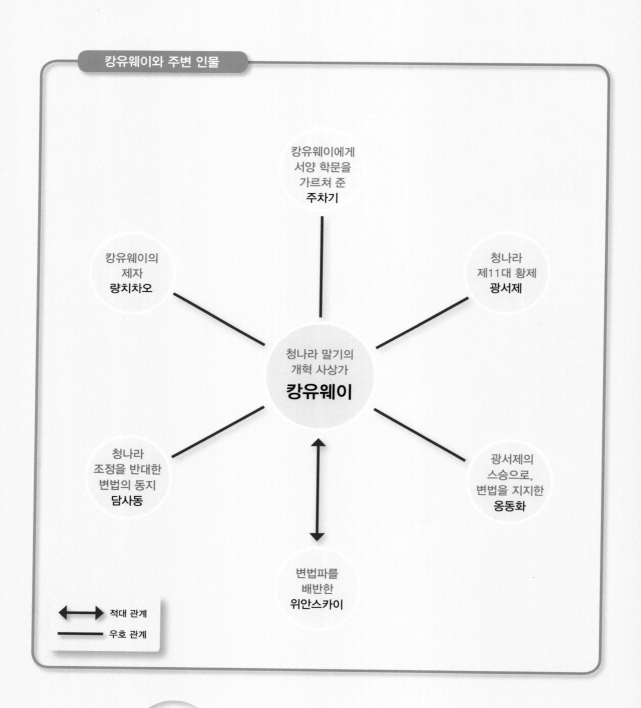

캉유웨이와 주변 인물

캉유웨이에게
서양 학문을
가르쳐 준
주차기

캉유웨이의
제자
량치차오

청나라
제11대 황제
광서제

청나라 말기의
개혁 사상가
캉유웨이

청나라
조정을 반대한
변법의 동지
담사동

광서제의
스승으로,
변법을 지지한
옹동화

변법파를
배반한
위안스카이

← → 적대 관계
─── 우호 관계

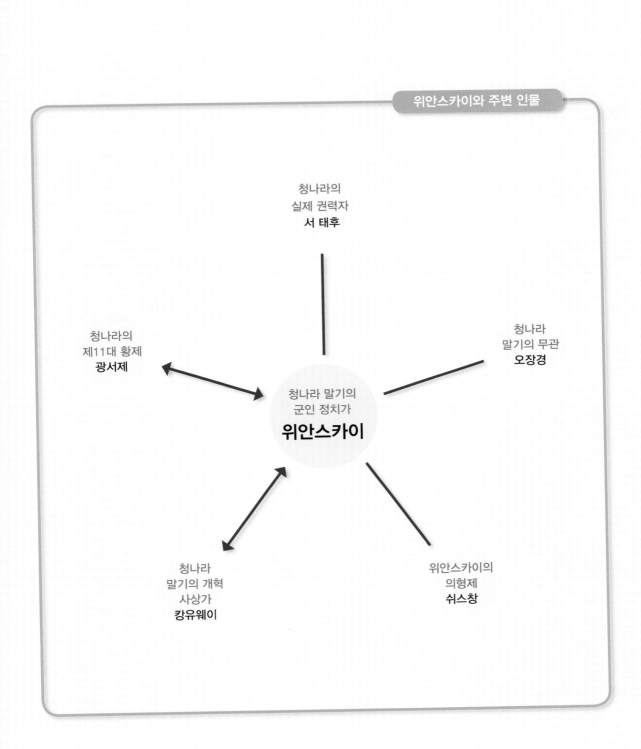

청나라의
실제 권력자
서 태후

청나라의
제11대 황제
광서제

청나라
말기의 무관
오장경

청나라 말기의
군인 정치가
위안스카이

청나라
말기의 개혁
사상가
캉유웨이

위안스카이의
의형제
쉬스창

19세기 초 청나라는 강력한 군사력과 막대한 부를 세계에 자랑했습니다.

청나라는 하늘 아래 있는 모든 것을 다 가지고 있다.

황제 폐하, 만세 만세 만세!

하지만 1842년 영국과의 *아편 전쟁에서 패한 청나라는 홍콩을 영국에 넘겨주고, 막대한 전쟁 배상금을 지불하는 내용의 불평등 조약을 맺게 되었습니다.

* 아편 전쟁 아편 문제를 둘러싸고 청나라와 영국 사이에 일어난 전쟁

관리들의 부정부패는 심해졌고, 생활이 어려워진 백성들은 각지에서 반란을 일으켰습니다.

1874년 청나라 제11대 황제 광서제가 즉위했지만, 실제로는 서 태후가 권력을 잡고 제멋대로 통치했기 때문에 청나라는 점점 더 몰락해 갔습니다.

1 서양에 눈을 뜬 캉유웨이

1858년 중국 광둥성 난하이현의 명망 높은 선비 집안에서 태어난 캉유웨이는 어릴 적부터 똑똑하여 마을에서 유명했습니다.

하늘이 내린 사람이란 소신을 행할 수 있는 자리에 오른 후 그것을 행하는 자이다.

대인이란 자기부터 올바르게 하여 타인도 올바르게 만드는 자이다.

중얼

중얼

아이가 《맹자》에 나오는 구절을 알다니 대단하구나.

놀랄 것 없어요. 저 아이는 다섯 살 때 이미 *한시를 외우고 다녔다오.

정말이오?

* 한시 한문으로 쓰인 시

여섯 살 때는 *유교의 경전인 《대학》과 《중용》까지 배웠다니까요.

꼬마야, 너 글 읽는 것을 좋아하나 보구나?

멈칫

너 혹시 '수신제가 치국평천하'라는 말을 아니?

그럼요.

《대학》에 나오는 말로, '몸과 마음을 닦아 수양하고 집안을 안정시킨 다음에 나라를 다스리고 천하를 평안하게 한다.'는 뜻입니다.

줄줄

큰일을 하려면 작은 일부터 잘 해내야 한다는 의미이지요.

정말 신동이로세.

내 말 맞죠?

* **유교** 공자의 사상이나 가르침을 근본으로 삼는 사상

열한 살 때 아버지를 여읜 캉유웨이는 큰할아버지에게서 학문을 배우기 시작했습니다.

할아버지, 책이 정말 많아요.

옛말에 사람으로 태어나 큰일을 하려면 다섯 수레의 책을 읽으라고 했지.

이 서재에는 만 권의 책이 있으니 앞으로 맘껏 읽으려무나.

네, 할아버지!

*사서오경은 이미 읽었으니, 어떤 책을 읽으면 좋을까요?

*팔고문을 익혀 과거 시험을 준비해 보거라.

팔고문이오?

답안지를 작성하는 글쓰기 방법이란다. 과거 시험을 보려면 팔고문을 알아야 한다.

예, 할아버지.

* **사서오경** 사서는 《논어》, 《맹자》, 《대학》, 《중용》, 오경은 《시경》, 《서경》, 《역경(주역)》, 《예기》, 《춘추》
* **팔고문** 예전에 중국에서 과거 시험 답안을 작성할 때 사용하던 문장의 특수한 형식

몇 년 후

아휴, 지루해.
똑같은 내용을
달달 외우기만
하니……

넌 안 지루해?

지겹지만,
과거에 합격하려면
참아야지.

휴, 과거에 합격하기
위해서 이렇게 재미없는
책을 봐야 한다니.

잠깐 바람
좀 쐬고 올게.

가슴에 바람을
가득 넣고 날아가는
붕새……

턱

장자

*《장자》를 읽으니
그동안 팔고문을 익히느라
답답했던 가슴이 탁
트이는 것만 같아.

*《장자》 중국 전국 시대의 사상가 장자가 지은 책

얼마 후 캉유웨이는 과거 시험을 보았습니다.

웅성 웅성

할아버지가 기대하고 계실 텐데.

낙방이라니.

할아버지를 기쁘게 해 드리고 싶었는데……

시험은 다음에 다시 보면 된다.

머리도 식힐 겸 할아버지 친구에게 가서 새로운 공부를 해 보는 건 어떻겠니?

열여덟 살의 캉유웨이는 할아버지의 뜻에 따라 광둥 지역에서 유명한 학자 주차기의 제자로 들어갔습니다.

오늘 새로 온 학생이 있다고 하던데……?

쓰윽—

아, 안녕하세요? 저는 캉유웨이라고 합니다.

반갑다. 예전에 네 할아버지가 자기 집안에 신동이 태어났다고 기뻐한 적이 있는데 그게 바로 너였구나.

그, 그게…… 과거 시험에도 떨어졌는걸요.

과거 시험과 학문은 별개란다.

허허

그저 외운 대로 적어서 시험에 합격해 봐야 앵무새와 다를 바 없지. *경세치용이란 말을 들어 봤느냐? 학문은 세상을 다스리는 데에 실질적인 이익을 줄 수 있는 것이어야 한다.

경세치용······.

공자가 살던 때의 도덕과 충효는 요즘 시대에 맞지 않는다.

정치란 백성에게 도움이 되어야 한다. 농사를 더 효율적으로 짓는 것, 군대를 더 강하게 만드는 것, 더 쓸모 있는 지식을 백성에게 가르치는 것 등이지.

이제는 과학과 기술이 발달한 서양의 학문을 아는 것도 필요하다.

전통만 강요하지 않고 서양의 사상까지 받아들여야 한다니. 스승님은 그동안 만났던 유학자들과 다르구나.

* **경세치용(經 다스릴 경, 世 세상 세, 致 이를 치, 用 쓸 용)** 학문은 세상을 다스리는 데 실질적인 이익을 줄 수 있어야 한다는 주장

서양에 눈을 뜬 캉유웨이 **25**

캉유웨이는 주차기의 가르침을
따라 열심히 공부했습니다.

이미 다
읽은 책이야.

서양에 관한 책을
더 보고 싶은데…….

서양 책은 왜?

스승님께서 나라와
백성을 위한 정치를
해야 한다고
강조하셨잖아.

그거랑
서양 책을 읽는 거랑
무슨 상관이야?

아편 전쟁 이후
청나라 조정은 서양 나라에게
번번이 지기만 하잖아.

* **중체서용** 중국의 문화를 바탕으로 하되 서양의 과학 기술을 도입해 부국강병을 꾀함

1879년 스물두 살의 캉유웨이는 처음으로 홍콩에 갔습니다.

실제로 보니 더 굉장하군!

저 높은 건물들 좀 봐!

도로도 넓고 깨끗해.

숙소를 찾으려면 어디로 가야 할까?

일단 서점부터 찾아보자.

우아! 《영환지략》, 《해국도지》, 《박물신편》까지 그동안 읽고 싶었던 책이 다 있네.

博物新編

海國圖志

얼른 숙소에 가서 읽어야지.

캉유웨이, 너는 배도 안 고프니?

그러게. 벌써 저녁 먹을 시간이네.

서양의 정치 제도는
내가 생각했던 것
이상이구나.

난 정말
우물 안
개구리였어.

국민이 직접 군주를
뽑는 민주주의 나라가
있다니…….

황제가 다스리는
청나라보다 훨씬
좋은 것 같아.

무능한 사람이
황제가 되면 서 태후처럼
권력을 잡고 자기 멋대로 하는
사람이 나오는 건 어쩌면
당연한 건지도 몰라.

캉유웨이는 홍콩에 다녀온 이후 틈만 나면 서양 여러 나라의 역사와 지리, 천문학, 과학 기술 등에 관한 책을 보았습니다.

현미경이라고?

현미경으로 보면 개미가 코끼리만큼 크게 보인다니……

서양의 과학 기술은 정말 발달했구나.

캉유웨이, 어디 있는 거야?

새로 나온 *《만국공보》야. 너 주려고 구해 왔어!

이번 달 호가 벌써 나왔구나!

* 《만국공보》 중국 청나라 말기에 발행된 잡지

萬國公報(만국공보)

만약에
중국인들과 유럽인들을
서로 땅을 바꾸어 살게 하면
중국인은 발전하고
유럽인은 쇠약해지겠는가?
중국인들이…….

중국인들이……
유럽에 살아도 중국의
제도로 다스린다면
쇠약해질 것이다.

청나라가 지금은
비록 힘이 없지만,
이렇게까지 말하는 건
너무 심하잖아?

나도 화가 나지만
이게 바로 청나라의
현실인 것을
부정할 수 없어.

서양이 강한 것은
정치 제도가 발달했기
때문이야.

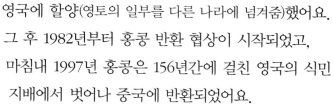

홍콩의 역사와 문화

영국과 벌인 아편 전쟁에서 패배한 청나라는 1842년 홍콩을
영국에 할양(영토의 일부를 다른 나라에 넘겨줌)했어요.
그 후 1982년부터 홍콩 반환 협상이 시작되었고,
마침내 1997년 홍콩은 156년간에 걸친 영국의 식민
지배에서 벗어나 중국에 반환되었어요.
홍콩은 영국과 중국의 문화가 공존하고 있어요. 사회
제도와 언어는 영국의 영향을 많이 받은 반면 중국
문화의 정체성도 유지하고 있지요.

홍콩의 위치 ©TVBS

홍콩의 종교

홍콩은 영국의 식민지였기 때문에 개신교나 천주교 신자가 많을
것으로 생각하지만, 개신교나 천주교 신자는 홍콩 전체 인구의
10퍼센트를 넘지 않아요. 오히려 도교나 불교를 믿는 신자가
40퍼센트 가까이 되지요.
홍콩 전역에는 웡타이신, 틴하우 사원같이 지어진 지 100년이
넘는 것을 포함해 600여 개나 되는 도교
사원이 있습니다. 사원이 많은 것은 홍콩의
지리적 특징과 홍콩 사람들의 생활 모습이
그대로 반영된 것이지요. 바다에 근접해 있는
홍콩에는 어업이나 상업에 종사하는 사람이
많아요. 이 때문에 홍콩 사람들의 생활 속에는
바다의 수호신이나 신령스러운 존재에게 건강과
사업의 성공을 비는 문화가 자연스럽게 자리
잡게 되었답니다.

화려한 고층 빌딩 사이에 자리 잡은 웡타이신 사원

역사 바로보기 1

홍콩의 교통

홍콩 교통수단의 상징인 이층 트램(도로에 설치한
레일 위를 운행하는 전차)은 영국의 식민 통치하에서
처음 들어왔습니다. 단층이 아닌 이층 트램으로만
운행하는 곳은 전 세계에서 홍콩이 유일하다고
해요. 트램의 디자인은 다양한 색상과 화려한
광고로 장식합니다.
홍콩의 교통 체계는 영국과 같아서 운전석이
모두 오른쪽에 있습니다. 차량들은 모두
좌측통행을 하고 있어요.
또한 홍콩의 거리에서는 영국과 관련된 이름을 흔하게 볼 수
있어요. '빅토리아 도로', '빅토리아 여왕 거리' 같은 이름 모두
영국 빅토리아 여왕의 이름에서 따왔지요.

홍콩의 이층 트램

홍콩의 주거 환경

홍콩에서는 가구의 65퍼센트 이상이 2평(땅
넓이의 단위로, 한 평은 약 3제곱미터에
해당함)에서 네 평 정도 되는 매우 작은
아파트에서 살고 있어요. 이런 아파트들은
공간이 너무 좁은 데다 베란다도 없기 때문에
집 안에 빨래를 널 수 없어요. 그래서 창문
밖에 기다란 대나무를 설치해 빨래를 널어놓는
집이 많아요. 홍콩에서는 낡은 아파트 밖으로
대롱대롱 매달려 있는 빨래를 자주 볼 수
있는데, 이는 좁은 주거 공간 때문에 생겨난 현상이랍니다.

홍콩의 아파트

마카오의 역사

중국 광둥성 남부 주장강 어귀에 있는 마카오는 1887년부터
포르투갈의 점령하에 있다가 1999년 중국에 반환된 특별
행정구입니다. 아편 전쟁에서 청나라가 패한 이후 홍콩이
영국 식민지가 되자, 포르투갈은 이 틈을 타서 마카오의
여러 지역을 차례로 점령하고 마카오에 대한 식민
지배를 합법화했지요.

중국은 마카오에 대한 영토 반환을 주장했어요. 1979년
중국과 포르투갈 간의 국교(나라와 나라 사이에 맺는
외교 관계)가 수립되면서 마카오를 '포르투갈 통치하에
있는 중국 영토'로 규정했어요. 이후 두 나라는 마카오
반환 협정을 체결했고, 1999년 12월 중국은 마침내
마카오에 대한 주권을 회복했지요.

마카오에는 동서양의 문화가 공존하고 있어요.
세나도 광장을 주변으로 한 마카오 역사 지구에 있는
유서 깊은 건축물과 광장은 역사적 가치를 인정받아
유네스코 세계 문화유산으로 지정되었어요.

마카오 야경

세나도 광장

who? 역사 뛰어넘기　　자형화 꽃잎 모양이 들어간 홍콩의 기

홍콩의 기

홍콩을 상징하는 기에는 자형화가 들어가 있어요. 1997년 홍콩 반환
기념식에서 처음 게양되었어요. 빨간색 바탕 가운데 홍콩을 상징하는 흰색
자형화가 그려져 있는데, 다섯 개의 꽃잎 안에는 빨간 꽃술과 별이 있어요.
빨간색과 하얀색은 자본주의와 사회주의가 공존하는 '일국양제(중국이라는
하나의 국가이지만 정치 체제는 두 가지를 인정함)'를 의미해요. 다섯 개의 빨간
별은 중국의 오성홍기에서 따온 것이지요.

홍콩에 사는 사람들은 자신을 '중국 사람'이 아닌 '홍콩 사람'으로 부른다고 하는데 왜 그런가요?

홍콩인들은 오랫동안 영국의 지배 아래 살았습니다. 이들은 중국인으로서의 자존감을 지키면서도 영국이 심어 준 자유와 민주적 가치를 배우며 자랐기 때문이랍니다.

홍콩이 중국에 반환된 후에는 어떻게 되었나요?

중국은 서로 다른 두 체제가 한 나라에 함께 있는 '일국양제'를 존중하면서도 홍콩에 대한 사회적 통제를 강화하고 있어요. 홍콩에 사는 사람들은 그런 중국에 맞서서 스스로를 '홍콩 사람'으로 부르며 정체성을 유지하려고 노력하고 있습니다.

중국에서는 홍콩 반환을 기념하는 행사를 한대.

홍콩 사람들이 겪는 혼란이 뭔지 조금 알 것 같아.

홍콩 사람들은 100년 넘게 민주주의를 경험했으니 갑자기 중국의 사회주의 체제를 받아들이긴 힘들 거야.

2 상소를 올리는 캉유웨이

1888년 베이징

벌써 몇 번째 낙방인지.

합격자 중 절반이 벼슬 높은 집안의 자식들이래. 자네가 떨어진 게 어쩐지 이상하다 했어.

캉유웨이, 어디 가려고?

과거 시험에 낙방했으니 고향으로 가는 수밖에…….

이렇게 포기하다니 억울하지도 않아?

억울하고 화가 나지. 과거 시험마저 부정부패로 가득한데 더 이상 시험을 보는 것은 의미가 없네.

어린 폐하께서는 아직까지도 서 태후의 꼭두각시처럼 지내고 계시지 않나.

황제는 어려서 힘이 없고, 서 태후가 제멋대로 정치를 하니 나라가 이렇게 된 거야. 자기편 사람만 관리로 뽑아서 권력을 유지하려고 하니······.

서 태후를 제거하지 않으면 청나라는 곧 망할 거야.

헉, 누가 듣겠어!

멈칫

갑자기 붓은 왜 찾아?

고향으로 돌아가기 전에 해야 할 일이 생각났어.

황제께 *상소를 올려
내 뜻을 전달해야겠다.

위로는 관리가 부패하고 아래로는 조정을
불신하니 서양의 침략에 맞설 수 없습니다.
서양에서는 이미 계급이 없어진 지 오래입니다.
우리도 신분이나 가문에 관계없이
유능한 인재를 뽑아야 합니다.
옛것을 개혁하지 않으면
새것을 도모할 수 없고,
제도를 개혁하지 않으면
청나라는 존속할 수 없습니다.

이 상소가 황제 폐하께
전달되기만 한다면……

* 상소 임금에게 글을 올리던 일

청나라 조정

무슨 일이오?

이 상소를 폐하께 꼭 전달해 주십시오.

저쪽에 올려 두고 가시게나.

보아 하니 과거조차 합격하지 못한 것 같은데?

요즘은 아무나 황제께 상소를 올린다니까, 쯧쯧.

내 상소가 황제 폐하께 가기는 틀렸구나.

과거에 합격하지 못한 선비가 할 일이라곤 고향에 가서 제자를 키우는 것밖에 없겠지.

고향으로 돌아온 캉유웨이는 광저우에 만목초당이라는 학당을 열었습니다.

堂草木萬

만 그루의 나무를 기르면 숲이 되듯 이곳에서 새로운 세상을 바꿀 수 있는 인재를 양성하리라.

오늘은 서양의 정치 제도에 대해 공부하겠다.

서양의 정치 제도?

청나라가 왜 서양과의 전쟁에서 패했는지 아는 사람 있는가?

혹시 넌 알고 있니?

* **부국강병** 나라를 부유하게 만들고 군대를 강하게 함

변할 변(變), 법 법(法)!

법과 제도를 바꾸는 것!
청나라가 다시 강해지는 방법은
오직 '변법' 즉 제도를 개혁하는
방법뿐이다.

變 변 法 법

그런데 자네는
오늘 처음 보는
얼굴인데?

예, 선생님
강의가 워낙 유명해서
소문을 듣고
찾아왔습니다.

그래? 들어 보니 어떤가?

그동안 과거에 합격한 후에 편안하게 살아야지 생각했는데, 오늘 강의를 듣고 생각이 바뀌었습니다.

어떻게 바뀌었지?

선생님께서 말씀해 주신 변법이야말로 앞으로 제가 평생 힘써야 할 학문인 것 같습니다.

허허, 그럼 앞으로 열심히 오게나.

서양의 민주주의란 국민이 주인이 되고, 국민을 위해 정치가 이루어지는 제도이다.

민주주의는 자유와 평등을 기초로 하는 사상이다.

萬木草堂

캉유웨이는 학생들을 가르치면서 과거 시험을 준비했습니다. 1895년 캉유웨이는
다시 과거를 보기 위해 제자 량치차오와 함께 베이징에 머물렀습니다.

스승님, 청나라와
일본의 *시모노세키
조약이 체결되었다고
합니다.

뭐라고?
영국과 프랑스에 이어
이제는 일본에게까지
굴욕을 당하다니.

전쟁에 진 것도
모자라 랴오둥반도를
넘겨주고 엄청난
배상금까지 물어 줘야 하는
불평등 조약이라고
합니다.

흠, 청나라가
어찌 이 지경까지
됐단 말이냐.

정말 청나라에는
더 이상 희망이 없는
것일까요?

* **시모노세키 조약** 청일 전쟁 이후 청나라와 일본이 맺은 조약

캉유웨이 선생님의 상소에 동참한다는 뜻을 보여 주세요.

어디, 나도 좀 보여 주게.

나라를 구하는 일인데 가만있을 수 없지.

우리가 힘을 모으면 청나라를 개혁할 수 있습니다.

나라가 바뀔 수 있다면야, 나도 한 이름 보태겠네!

감사합니다.

스승님, 천 명이 넘는 선비들의 서명을 받아 왔습니다. 우리의 목소리가 황제 폐하께 전달될 수 있을 거예요.

변법을 지지하는 사람이 이렇게 많았구나! 우리가 힘을 모았으니 청나라도 다시 일어설 수 있을 것이다.

우리의 뜻을 황제 폐하께 전달해 주시오.

폐하께 상소를 올려 봤자 조정만 더 시끄러워질 뿐이야.

획

그러나 캉유웨이가 선비들과 함께 올린 상소는 받아들여지지 않았습니다.

스승님, 어째서 조정에서 아무 소식도 없는 것일까요?

우리가 벼슬이 없기 때문 아니겠느냐? 상소 내용이 담당 관리 마음에 들지 않으면 그냥 버려진다고 하네. 허허.

얼마 후

스승님! 축하드립니다. 이제 과거에 합격했으니 상소가 버려지는 일은 없겠지요?

고맙네, 자네도 축하하네!

과거 시험에 합격한 캉유웨이는 량치차오와 함께 베이징에서 '강학회'라는 단체를 만들어 서양의 새로운 사상을 소개하고 청나라의 개혁을 주장하는 운동을 벌였습니다.

진사 나리, 안녕하십니까.

담사동(1866~1898)

어서 오시게나.

요즘도 계속 상소를 올리세요?

그렇네.

황제 폐하께 제대로 전해지지도 않는데……

이번에는 또 무슨 내용을 올리시려고요?

이번에도 변법에 대한 내용이죠 뭐.

량치차오의 말이 맞네.

낡은 제도를 고쳐 새로운 법을 만들고, 나랏일을 결정할 때는 의회를 열어서 논의하자고 할 걸세.

물론 뛰어난 인재를 등용해 정치에 참여시키자는 내용도 포함일세.

법을 만드는 의회가 있으면 지금의 서 태후라도 제멋대로 하지는 못할 걸세.

맞아요. 더 이상은 무능한 황제에게 통치를 맡겨서는 안 돼요.

서 태후를 막으려면 의회를 열고 헌법을 정해 *입헌 군주제를 시행하는 일이 제일 급하죠.

그래서 말인데, 이번에는 일본을 예로 들어 폐하의 마음을 움직일 생각이네.

변방의 작은 섬나라인 일본이 서양의 열강과 어깨를 나란히 하는 강국이 된 것은 모두 변법을 실행해 제도를 개혁했기 때문입니다.

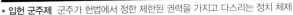

* **입헌 군주제** 군주가 헌법에서 정한 제한된 권력을 가지고 다스리는 정치 체제

1897년 캉유웨이는 다섯 번째 상소문을 올렸습니다.
이 상소는 광서제에게 전달되었습니다.

그, 그게…….

의회를 설치하자고?
이렇게 과감한 주장을
하다니.

의회라는 것이
과연 내게 힘을 실어
줄 수 있을까?

일본처럼 의회를
만들고 변법을 시행해야
한다는데, 대신들의
의견은 어떠한가?

폐하,
변법이라니요!
그냥 무시하소서.

영록(1836~1903)

나라를 생각하는
일리 있는 주장이니
캉유웨이를 불러다가
직접 물어보소서.

옹동화(1830~1904)

캉유웨이라는 자는 어떤 사람인가?

이번에 과거에 합격한 자인데, 이전부터 개혁을 주장하는 상소를 여러 차례 올려 선비들 사이에서는 제법 명성이 높습니다.

폐하, 이제 겨우 *미관말직에 오른 자의 세상 물정 모르는 소리일 뿐입니다.

과거에는 늦게 합격한 편이지만, 학자로서는 선비들 사이에서 모르는 자가 없을 정도입니다.

사람들이 따르는 자의 조언은 귀담아들을 가치가 있습니다.

그렇다면 그대들이 먼저 그자를 만나 보도록 하시오.

* **미관말직** 지위가 아주 낮은 벼슬

그래, 캉유웨이를 만나 보았는가? 어떤 자이던가?

청나라를 개혁해서 나라의 힘을 강하게 하려는 마음으로 가득 찬 소신 있는 학자였습니다.

다만 정치 경험이 없어 조정의 현실은 모르는 듯했습니다.

서 태후마마와 권력에 굴하지 않는 꼿꼿한 성품을 가진 자 같았습니다.

서 태후마마의 눈치를 보지 않는단 말이냐?

내가 황제이지만 내 뜻대로 할 수 있는 게 없으니……. 나 역시 서 태후마마의 간섭에서 벗어나 내 뜻대로 일하고 싶구나.

폐하, 캉유웨이의 주장처럼 제도를 개혁하면 청나라가 망하지는 않을 것입니다.

서 태후마마가 계시는 한, 제도를 개혁하자는 말조차 할 수 없다는 것을 경도 잘 알지 않는가.

아무것도 할 수 없는 내가 황제라는 것이 부끄럽구나.

폐하께서 개혁의 뜻을 포기하지 않으시고, 유능한 인재를 등용하면 언제든 때가 오지 않겠습니까.

그러니 폐하께서 캉유웨이를 직접 만나 보시는 것도 좋겠습니다.

경의 뜻이 그러하다면 내가 한번 만나 보겠네.

상소를 올리는 캉유웨이 **55**

변법자강 운동

변법자강 운동은 1898년 캉유웨이와 량치차오 등의 변법파가 추진한 근대화 운동이에요. 1898년이 무술년이기 때문에 '무술변법'이라고도 부릅니다. 당시 청나라가 청일 전쟁에서 패배하자 캉유웨이를 중심으로 한 지식인들은 새로운 대안을 찾기 시작했어요. 서양의 무기와 과학 기술만을 받아들여 근대화를 시도했던 양무운동의 한계를 깨달은 것이에요. 캉유웨이와 변법파는 청나라의 전통적인 정치 제도와 교육 제도 등을 근본적으로 개혁해야 일본과 같은 근대화를 이룰 수 있다고 믿었어요.

서구 열강의 침략을 받는 청나라의 모습을
풍자한 그림

변법자강 운동의 추진 과정

변법파는 의회 제도를 바탕으로 한 입헌 군주제를 수립하여 새로운 국가를 건설하려고 했어요. 이것에 필요한 헌법 제정, 국회 개설, 과거 제도 개혁, 서양식 학교 설립, 상업과 공업의 보호와 육성 등을 개혁의 구체적 목표로 정했어요.

1895년 캉유웨이는 량치차오, 담사동 등과 함께 베이징, 상하이, 톈진 등의 주요 도시에 강학회를 세우고 변법자강 운동의 필요성을 적극 알렸어요. 1898년 광서제는 변법파의 개혁 내용을 받아들여 변법을 국가의 정책으로 삼는다는 명을 내렸어요. 이후 량치차오, 담사동 등의 변법파들을 관리로 등용하고 과감한 개혁을 추진했지요.

변법자강 운동의 주역
(왼쪽부터 량치차오, 광서제, 캉유웨이)

변법자강 운동의 결말

변법자강 운동은 광서제와 대립하고 있던 서 태후와
보수파 관리들의 강력한 반대에 부딪혔어요. 변법파는
위안스카이의 힘을 이용해 서 태후를 비롯한 반대 세력을
없애려고 했으나 위안스카이의 배신으로 실패했어요.
서 태후는 군사력을 동원해 변법파를 탄압하고 광서제를
황제의 자리에서 몰아낸 후 다시 정권을 장악해 버렸지요.
개혁에 실패한 캉유웨이와 량치차오는 일본으로 망명했고,
다른 변법파들은 처형당했어요. 결국 변법자강 운동은
실시된 지 100여 일 만에 끝나고 말았어요.

청나라 말기 권력을 장악한 서 태후

변법자강 운동의 의의

변법자강 운동은 양무운동의 핵심 사상인 '중체서용(중국의
문화를 바탕으로 하되, 서양의 과학과 기술을 도입하여 부국강병을
꾀함)'의 문제점을 지적하고, 청나라의 근본적인 개혁을
시도했어요.
하지만 변법자강 운동은 급진적으로 추진되었기 때문에
국민들의 폭넓은 지지를 얻지 못했고, 과감한 개혁을
실행으로 옮길 수 있는 추진력도 부족했어요. 광서제에게
의지하려고 했던 것도 실패의 원인이 되었지요.
변법자강 운동은 비록 실패했지만, 이후 청나라에서는
황실을 무너뜨리고 새로운 나라를 수립해야 한다는 혁명
운동이 싹트기 시작했어요. 변법자강 운동은 중국 역사상
최초로 근대적 내용을 담은 개혁을 주도했다는 데 역사적 의의가
있습니다.

청나라 제11대 황제 광서제

변법자강 운동에 영향을 준 일본의 메이지 유신

19세기 후반 일본에서는 아편 전쟁에서 청나라가 영국에게 패한 것처럼 일본도 서양과 싸울 경우 청나라처럼 패배할지도 모른다는 위기감이 고조되었어요. 서양의 계속되는 통상 요구를 거절하던 일본의 막부(쇼군이 통치하는 무사 정권)는 미국 페리 함대의 통상 요구를 들어주었어요. 미국을 비롯한 서양 열강은 일본에 불평등 조약을 강요했고, 본격적인 대외 무역이 시작되자 물가가 상승하고 수공업이 몰락하는 등 일본의 경제 상황이 급변했어요. 막부에 반대하던 무사들은 "왕을 세우고 서양을 몰아내자."라고 주장하며 막부를 무너뜨렸어요. 1867년 일본에는 천황이 다스리는 메이지 정부가 수립되었어요. 메이지 정부는 강력한 중앙 집권 정책으로 서양식 군대를 양성하고 근대 산업을 발전시켰으며 신분 제도 타파 등 과감한 정치 개혁을 실시했어요. 이후 일본은 동아시아 국가들 중에서 유일하게 스스로의 힘으로 근대화에 성공했습니다.

도쿠가와 막부의 마지막 쇼군,
도쿠가와 요시노부

메이지 천황의 도쿄 행차

who? 역사 뛰어넘기   일본의 막부 시대

에도 시대의 거리를 그린 그림

12~19세기까지 일본은 쇼군을 중심으로 한 무사 정권이 다스렸습니다. 쇼군(將軍)의 한자를 우리말로 읽으면 장군이에요. 막부 시대는 크게 카마쿠라 막부, 무로마치 막부, 도쿠가와 막부(에도 막부) 셋으로 나눌 수 있습니다. 도쿠가와 막부는 조선을 침략해 임진왜란을 일으켰던 도요토미 히데요시의 뒤를 이은 도쿠가와 이에야스가 1603년 에도 지방(지금의 도쿄)에 세운 정권입니다. 도쿠가와 막부가 다스리던 260여 년간 일본은 급격한 경제 발전과 도시화가 이루어졌고 문화적으로도 매우 발전했어요.

변법파가 주장한 '입헌 군주제'란 무엇인가요?

입헌 군주제는 왕의 권한이 법에 의해 제약을 받는 정치 체제를 말해요. 변법자강 운동의 핵심은 청나라의 황실 제도를 그대로 유지하되 통치 권력을 의회에 넘기는 입헌 군주제에 있습니다.

'공화제'와 다른 것인가요?

공화제는 국민이 선출한 대표자 또는 대표 기관의 의사에 따라 주권(국가의 의사를 결정하는 최고 권력)이 행사되는 정치를 말해요. 통치자가 대를 이어 나라를 다스리는 군주제와 반대되는 개념이지요. 공화제는 보통 국민이 투표를 통해 대표를 선출하는 민주적인 방식인 대통령제 형태를 취하는 경우가 많지요. 청나라를 무너뜨린 신해혁명을 일으킨 쑨원이 바로 공화제를 지지했어요.

캉유웨이는 입헌 군주제가 청나라 현실에 맞는 제도라고 생각했어.

그래서 광서제가 변법파를 지지한 거야.

청나라에는 영국이나 일본처럼 군주가 있었잖아?

3 좌절된 변법 개혁

> 캉유웨이, 그대가 주장하는 변법이라는 것에 대해 자세히 말해 보라.

> 고장 난 물건은 고쳐 쓰는 것보다 버리고 새로 만드는 것이 더 나을 때가 있습니다. 법 또한 마찬가지입니다.

> 지금 청나라 땅은 서양의 열강들에 의해 갈기갈기 쪼개졌습니다.

러시아 세력권
독일 세력권
영국 세력권
일본 세력권
프랑스 세력권
영국 세력권

> 서양과 전쟁을 하느라 백성들은 가난한데, 관리들의 부패는 극에 달했습니다.

> 정치 제도를 개혁하지 않으면 청나라뿐만 아니라 앞으로 폐하께서도 온전하실 수 없습니다.

제도를 개혁한다는 것은 무엇을 말하는가?

먼저 개혁의 중심 역할을 할 수 있는 제도국을 만들고 유능한 인재를 등용해야 합니다.

제도국을 통해 나랏일을 결정하고, 서양에서 시행하는 좋은 법을 본받아 청나라에 맞는 새로운 제도를 만들어야 합니다.

그리하면 청나라가 지금까지의 굴욕을 모두 떨쳐 버릴 수 있겠느냐?

그렇습니다, 폐하.

잘 알겠다. 곧 그대를 다시 부를 것이니, 그동안 변법을 시행할 더 구체적인 계획을 준비하며 기다리라.

황은이 망극합니다.

1898년 6월 광서제는 캉유웨이의 의견을 받아들여 변법을 시행하기로 결정했습니다.

이제부터는 변법을 나라를 다스리는 기본 정책으로 한다.

백성들을 힘들게 하는 관청을 폐지하고, 제도 개혁을 맡을 새로운 기구를 만들 것이다.

또한 새로운 법을 만들 인재를 등용할 것이다.

캉유웨이는 앞으로 나와 명을 받으라.

변법이라고?

캉유웨이?

캉유웨이를 *총리아문 장경으로 임명하노라. 또한 캉유웨이에게 변법을 바탕으로 한 모든 개혁 정책을 맡기겠노라.

폐하, 반드시 변법을 성공시켜 청나라를 강하게 만들겠습니다.

* **총리아문 장경** 청나라 때 외교를 맡아보던 관아인 총리아문의 중간 관료

캉유웨이는 변법을 시행할 구체적인 정책을 발표했습니다.

폐하, 변법을 시행하기 위해서는 낡은 과거제를 폐지해야 합니다.

또한 신식 교육을 할 수 있는 학교를 세워야 합니다.

강학회

변법을 성공시키려면 무엇부터 하는 게 좋겠나?

그야 당연히 우리와 뜻이 같은 인물을 뽑는 일이지요.

나도 변법을 지지하는 사람들을 많이 모으는 게 우선이라고 생각하네.

변법은 잘 진행되고 있는가?

폐하, 중요하지 않은 관청을 없애고, 개혁에 동참하지 않는 관리들을 *파직하소서.

저 녀석이…….

먼저 서 태후마마께 의견을 여쭈어 보는 게 좋을 듯싶습니다.

그대는 내가 황제라는 걸 잊었는가.

캉유웨이가 말한 것을 모두 즉시 시행하라.

두고 보자.

* **파직** 관직에서 물러나게 함

이화원

태후마마,
캉유웨이의 방자함이
도가 넘습니다.

애송이 같은 놈이
감히 내 측근들을
파직시켜?

지금 청나라의
근본이 흔들리고
있습니다.

캉유웨이를
가만두어서는
안 됩니다. 당장
잡아다가……

아직은 때가 이르다.
자네는 광서제의 행동을
감시하고 내게
보고하게.

네, 마마.

며칠 후

폐하의 밀서라고?

캉유웨이 선생님께서 폐하의 뜻을 전달한 내용입니다.

서 태후를 제거하지 않으면 황제 폐하와 나라를 구할 수 없습니다.

서 태후가 있는 이화원을 포위하고, 그 측근들을 모두 제거해 폐하를 도와주십시오.

지금 황제를 도울 사람은 신식 군대를 장악하고 있는 장군밖에 없습니다.

흠.

나라와 폐하를 구하는 것이 오직 장군께 달려 있습니다.

알겠소.

캉유웨이의 계획이
실패한다면…….

잔인하고 교활한
서 태후가 날 가만두지
않겠지.

밖에 누구 없느냐!
어서 말을 준비하라.

이랴!

다각

다각

대감,
급히 드릴 말씀이
있어 왔습니다.

캉

캉

한밤중에
무슨 일인가?

속닥

속닥

뭐라?
알겠네.

다음 날

소식이 올 때가
되었는데······.

드디어
시작인가?

와−아!

이게
무슨 짓이냐!

변법과 관련된 문서를
샅샅이 찾아라.

태후마마,
무슨 일이십니까?

놔라! 위안스카이는
어디 있느냐?

폐하가 나를
공격하려고 준비한다는 것을
내게 알려 준 자가 바로
위안스카이입니다.

뭐라고요?

위안스카이가
지금 캉유웨이를
쫓고 있는 것도
모르시나 봅니다.

이, 이럴 수가.

휘청

무엇들 하느냐.
폐하를 후원 별궁에
가두라!

그때

위안스카이가 잘해 주고 있겠지?

스승님, 어서 몸을 피하십시오!

벌컥

무슨 일이냐!

위안스카이가 배신했습니다. 황제 폐하는 이미 별궁에 갇혔고, 서 태후가 변법파들을 모두 체포하라는 명을 내렸다 합니다.

이럴 수가.

방금 담사동 동지도 붙잡혀 갔습니다. 서 태후가 보낸 군사들이 곧 이곳에 들이닥칠 것입니다.

다다다

서 태후는 광서제를 *유폐시키고 변법을 도로 거두어들였습니다.
이로써 캉유웨이가 추진한 변법자강 운동은 약 100일 만에 끝났습니다.

위안스카이가
배신을 하다니…….

동지,
세상을 바꾸기가 이리도
어렵단 말인가.

우리가 죽은 후라도
세상은 바뀔 걸세.

누구를 탓하리오!
위안스카이의 야심을
모른 게 잘못이었다.

흐흑.

캉유웨이는 가까스로 몸을 피해 일본으로 향했습니다.

* **유폐** 아주 깊숙이 가두어 둠

캉유웨이는 개혁에 실패해 일본으로 망명했지만, 일본에서도 청나라의 입헌 군주제를 주장하는 활동을 계속했습니다.

변법 개혁에는 실패했지만, 입헌 군주제를 청나라 백성들에게 알리는 일까지 멈출 수는 없다.

스승님, 손님이 찾아왔습니다.

손님?

쑨원 선생님께서 만나 뵙고 싶어 하십니다.

쑨원?

쑨원은 *공화제를 실시해야 한다고 주장하는 자 아닌가.

* **공화제** 국민이 투표로 뽑은 나라의 대표가 정치를 이끄는 제도

나는 쑨원을 만날 필요가 없소.

어째서입니까?

나는 청나라에는 아직 군주가 필요하다고 생각하오. 그래서 법과 제도를 개혁하는 변법을 먼저 시행한 후에 입헌 군주제를 실시하려고 했소.

입헌 군주제는 황제가 마음대로 권력을 휘두르지 못하게 의회에서 헌법을 정해 군주의 권력을 제한하는 것이오.

그런데 쑨원이 주장하는 공화제는 황제를 없애자는 제도 아니오?

그렇습니다. 쑨원 선생님께서는 선거를 통해 나라의 대표를 뽑아야 한다고 말씀하셨습니다.

쑨원과 나는 가는 길이 다르오. 위기 상황에서 잠시 협력한다 해도 시간이 흐르면 결국 갈라서게 될 것이오.

안타깝지만 쑨원 선생님께 그리 전하겠습니다.

드르

1911년 쑨원의 사상을 따르던 자들이 청나라를 무너뜨리는 혁명을 일으켰습니다. 이것이 바로 '신해혁명'입니다.

1912년 청나라에서는 마지막 황제 선통제(푸이)가
물러나고 공화제 국가인 중화민국이 수립되었습니다.
일본에 망명한 이후 여러 나라를 떠돌던 캉유웨이도
마침내 중국에 돌아올 수 있었습니다.

지금 나라가 혼란스러운 것은 황제가 없어서이다. 선통제가 그대로 있었다면 위안스카이가 스스로 황제가 되려고 했겠느냐.

청나라 황제가 물러난 지 이미 3년이 넘었는데 황실을 부활시키다니요. 세상이 바뀌었습니다.

벌떡

난 청나라를 다시 일으키고 쫓겨난 선통제를 모셔 올 것이다.

스승님의 뜻이 정 그러하시다면 어쩔 수 없네요. 부디 몸조심하십시오.

청나라에서 공화제를 시행하기에는 너무 이르다.

내가 돌아왔으니 반드시 선통제를 다시 황제로 세운 뒤, 입헌 군주제를 시행하고 말 것이다.

1916년 위안스카이가 죽고 나라가 혼란스러워지자 캉유웨이는 이미 물러난
청나라의 마지막 황제 선통제의 *복위를 시도했습니다.

짐이 물러난 지 6년이
지났지만 혼란이 여전하다.
오늘부터 청나라를
부활시키겠다.

황은이
망극합니다.

황제 폐하 만세!

만세!

황제가 복위되었다는 소식을 들은 쑨원은 이를 반역으로 규정했습니다.
나라 곳곳에서는 선통제를 반대하는 운동이 벌어졌습니다.

황제 복위를 거부한다.
선통제는 물러가라!

이 나라는 공화제다.
공화제를 따르지 않는 자는
모두 반역자이다!

* **복위** 폐위되었던 왕이 다시 그 자리에 오름

여론의 반대로 황제의 복위는 실패로 돌아갔습니다. 이후 캉유웨이는 중국의 전통문화를 지지하는 활동에 몰두했습니다.

어르신, 밤이 늦었는데 안 주무시고 뭐 하십니까?

날이 밝으면 선통제를 만나러 가려고 하네.

갑자기 무슨 일로 선통제를 만나려고 하십니까?

신하가 황제를 만나는 데 때가 있단 말이냐.

으윽!

1927년 70세가 된 노년의 캉유웨이는 청나라의 마지막 황제를 그리워하다 숨을 거두었습니다.

청나라 말기의 개혁가 캉유웨이는 변법자강을 주장하며 정치, 교육, 법 등 청나라 사회 전반의 낡은 제도를 근본적으로 개혁하려고 했습니다.

캉유웨이가 추진한 개혁은 서 태후를 비롯한 보수파의 반대로 100여 일 만에 실패했습니다. 하지만 그가 주장한 새로운 사상은 낡은 제도가 폐지되고 중국의 근대화를 앞당기는 데 큰 역할을 했습니다.

캉유웨이와 그의 사상

캉유웨이는 어렸을 때 한시 수백 수를 외우고 《논어》와 《대학》 등의 유학 경전을 두루 읽을 정도로 공부에 몰두했어요.

캉유웨이는 과거 시험에 낙방한 후 서양의 학문을 접하고, 청나라의 개혁이 시급함을 절실하게 느꼈지요. 전통적인 유교의 가르침을 부정하기보다는 유학의 정신을 현실에 적용할 수 있는 혁신적인 제도를 찾으려고 했어요. 캉유웨이는 변법자강 운동을 통해 입헌 군주제 같은 개혁을 주장했지만, 한편으로는 중국 전통을 존중하려는 이중적인 모습을 가지고 있었어요. 캉유웨이가 쑨원이 주장한 공화제를 반대한 것도 같은 이유였지요.

캉유웨이(1858~1927)

개혁과 개량

변법자강 운동에 실패한 캉유웨이는 홍콩을 거쳐 일본으로 피신했어요. 신해혁명으로 청나라 조정이 무너지고 중화민국이 세워진 후 중국으로 돌아올 수 있었지요. 귀국 후에는 청나라 왕조를 다시 부활시키는 '복벽(물러났던 임금이 다시 왕위에 오름) 운동'에 가담했어요. 세상이 바뀐 후에도 젊은 시절 자신이 주장한 입헌 군주제에 대한 미련을 버리지 못했기 때문이었지요.

이 때문에 중국에서는 캉유웨이를 개혁주의자가 아닌 개량주의자(체제를 변혁하지 않고 점진적으로 고침으로써 그 체제를 유지하려는 입장)로 평가하고 있어요.

1907년 캉유웨이가 미국에 있을 때 찍은 사진

캉유웨이와 《대동서》

캉유웨이가 꿈꾸던 세상은 그가 쓴 《대동서》라는 책에 담겨
있어요. 캉유웨이는 동양적 가치를 넘어서 서양 문명까지
아우를 수 있는 이상 세계를 생각했어요. 그리고 그 세계를
'대동'이라는 말로 표현했지요.
'대동(大同)'은 유학 경전에 나오는 말로 모든 사람이 더불어
잘사는 사회를 뜻해요.

캉유웨이가 저술한 《대동서》

캉유웨이가 꿈꾼 세상

캉유웨이는 인류의 삶을 고통스럽게 만드는 근원이 지구
곳곳에서 일어나는 차별이라고 지적했어요. 국가, 계급, 인종,
남녀, 가족, 사유 재산 등에 존재하는 차별과 구속을 없애면
모든 인류가 행복하게 살 수 있다고 생각했어요.
캉유웨이는 낡고 오래된 사회 제도를 없애고, 모든 인류가
평등한 사회인 '대동 사회'를 만들어야 한다고 주장했어요.
가족 제도를 없애고 아이들은 보육원에 맡겨 함께 키워야 자기
가족만 사랑하지 않고 모든 인류를 동등하게
사랑할 수 있다고 했지요. 또 국가끼리 경쟁하는
약육강식(약한 자가 강한 자에게 먹힘)의 세상을
벗어나야 세계 공동체를 이룰 수 있다고 했어요.
캉유웨이가 꿈꾼 대동 사회의 모습은 이상
세계를 상상해서 표현한 것이라 허황된 모습으로
비춰질 수 있지만, 그 속에는 청나라의 현실을
비판하고 새로운 세계로 나아가려는 그의 꿈이
담겨 있다고 해석할 수 있어요.

캉유웨이가 살았던 칭다오 고택에 있는 캉유웨이 상

캉유웨이와 개혁을 함께한 량치차오

량치차오는 청나라 말기의 사상가이자 교육가입니다. 량치차오는 18세 때 캉유웨이를 찾아가 제자가 되었어요.

글솜씨가 뛰어났던 량치차오는 변법을 추진한 강학회에서 활동하며 신문과 잡지를 발행해 국민들의 의식을 개혁하려고 했어요. 량치차오는 입헌 군주제를 중심으로 근대 민족 국가를 이룩해야 한다고 주장한 캉유웨이와 뜻을 같이했어요. 그는 서양의 헌법, 의회(정당) 제도, 학교 제도 등의 정치 제도와 사상의 장점을 비판적으로 수용해 중국에 전파했지요. 변법자강 운동이 실패하자 일본으로 망명한 량치차오는 이후 미국을 여행하기도 했어요. 중국의 전통과 서구 사회의 변화를 두루 경험한 량치차오는 조선의 지식인들에게도 많은 영향을 주었지요. 안창호, 박은식 등이 량치차오의 개혁 사상을 소개하며 조선의 근대화를 위해 노력했어요.

량치차오(1873~1929)

who? 역사 뛰어넘기 　갑신정변

갑신정변은 1884년 김옥균을 비롯한 급진 개화파가 개화사상을 바탕으로 조선의 자주독립과 근대화를 목표로 일으킨 정치적 사건이에요. 갑신정변은 우리나라 근대사에서 개혁 운동의 방향을 정립한 사건으로, 청나라의 변법자강 운동보다 15년 앞서 일어났지요. 개화파들은 고종의 승인 아래 새 정부를 구성하고 14개조의 개혁안을 마련하여 조선의 자주권 확립, 신분 제도 타파, 세금 제도 개혁 등 혁신적인 개혁을 추진했지요. 그러나 3일 만에 위안스카이가 이끄는 청나라 군대의 개입으로 실패하고 말았어요.

김옥균(1851~1894)

'개혁'과 '보수'라는 말이 무슨 뜻인가요?

개혁과 보수는 사회 변화에 대해 어떤 태도를 보이느냐에 따라 입장이
나뉘어요. '개혁'은 지금의 사회 제도나 법을 변화시켜야 한다는
진보적인 입장이고, '보수'는 지금 사회가 바람직하므로 본질적인
변화가 필요 없다고 보는 입장을 말해요.

캉유웨이 선생님은 어떤 입장이신가요?

변법자강을 주도한 측면에서 보면 중국의 정신에 해당하는 정치와
교육 제도를 바꾸자는 운동이기 때문에 개혁적인 입장이지만, 청나라
황실을 유지하는 입헌 군주제를 지지한 것은 보수적인 입장에
가깝지요. 저에게는 두 가지 측면이 모두 있어요.

책을 불태운 위안스카이

> 1859년 허난성 샹청에서 명문 집안의 선비 위안바오중의 넷째 아들이 태어났습니다.

으아앙

> 허허, 갓 태어난 녀석의 울음소리가 어찌 이리 큰지.

> 사내아이라 그런지 목청부터 남다르군.

> 이 험한 세상을 잘 이겨 내라는 뜻으로 *스카이라고 이름 지어야겠다.

으아앙

* 스카이(世 세상 세, 凱 개선할 개) 한자음으로 읽으면 '세개', 중국어로 읽으면 '스카이'

몇 년 후

더 빨리 달려야지!

내가 선두에 설 것이다.

도련님, 사람이 말처럼 빨리는 못 달립니다!

형님, 스카이는 정말 건강하고 씩씩하군요.

지금까지 잔병치레 한번 한 적이 없어. 하하.

사내아이들과 놀면 참 재밌죠?

워낙 장난꾸러기들이라서.

바오칭은 *후사를 이을 아들이 없지.

아우야, 스카이를 데려가서 네가 키우는 게 어떠냐?

정말입니까?

* **후사** 대를 이을 자식

책을 불태운 위안스카이　**87**

1864년 여섯 살이 된 위안스카이는 작은아버지 위안바오칭의 *양자로 들어갔습니다.

스카이가 열심히 공부하고 있겠지?

스카이는 어디 있습니까?

말을 타고 내뺐습니다만…….

공부에는 전혀 관심 없는 아이를 가르치느라 시간을 허비하고 싶지 않습니다.

예?

한 번만 참아 주십시오. 돌아오면 제가 따끔하게 혼내겠습니다.

* **양자** 자식이 없는 집에서 대를 잇기 위해 데려다 기르는 아이

몇 년 후

이랴! 이랴!

다그닥

다그닥

스카이 도련님!

어이쿠, 글공부 시간에 늦었다고 부르러 온 모양이군.

안 그래도 지금 가려고 했네.

그게 아니라, 나리의 병세가 갑자기 위독해졌습니다.

뭐라고?

위안바오칭이 병으로 갑자기 사망한 뒤 위안스카이는 베이징의 큰아버지 집에서 살게 되었습니다.

여기가 베이징이구나.

위안스카이는 말타기만 좋아하고 글공부를 멀리한다니 가르치기가 까다로울 텐데요.

내가 잘 타이를 테니 너무 걱정 마시오.

스카이, 이리 좀 와 보거라.

앞으로 네가 혼인할 여인을 찾아볼 테니, 너는 오늘부터 과거 시험을 준비하거라.

혼인이오? 아, 알겠습니다.

어휴. 이게 이거고, 저게 저거고……

벌러덩

에라, 모르겠다. 재미도 없는 글공부가 도대체 무슨 필요야!

글공부가 아니라 무예로 사람을 뽑으면 1등 할 자신 있는데.

스카이, 집에 있는가?

왜 이제야 오는가?

벌컥

우리 오늘은 어디로 놀러 갈까?

요즘 단풍이 좋으니 오늘은 산으로 가 볼까?

어디를 가든 방구석에 틀어박혀 글공부하는 것보다는 낫지 않겠나?

스물세 살이 된 위안스카이는 해군 제독 오장경에게 산둥성으로 오라는 연락을 받았습니다.

오장경 아저씨는 *이홍장 어르신의 신임을 받고 계신 분이니까, 어쩌면 내게 군사에 관한 일을 맡겨 줄지도 몰라.

뭐? 장교가 되고 싶다고?

자네가 나와 의형제를 맺은 위안바오칭의 아들이라 해도, 지금 당장 자네에게 군사 일을 맡길 수는 없네.

오장경(1834~1884)

먼저 문서를 관리하는 일부터 시작하거라.

예, 제독님.

* **이홍장** 태평천국의 난을 진압한 청나라의 정치가

이크, 책을 보는
일은 질색인데.

어?

총과 무기류

서양의 무기에
관한 책이잖아!

서양식 군사 훈련에
관한 내용은 처음 보는걸.
*《손자병법》에서는 보지 못한
내용이야.

문서 창고에 아직
누가 있나?

병장교가 되고 싶다더니······.
어디 시험 삼아 한번
맡겨 볼까?

*《손자병법》 오나라의 손무가 편찬한 책으로, 군사를 지휘하고 전쟁을 하는 방법을 다루었음

이후 위안스카이는 *영무처에서 군사를 훈련하는 일을 맡아보게 되었습니다.

서양의 최신식 대포는 중국 대포보다 튼튼하고 더 강력하군. 만약 내가 장군이라면 신식 총과 대포를 군대에 지급할 텐데.

벌컥

훈련소 병사들이 패를 갈라 싸우면서 총을 쏘고 있습니다.

뭐? 어디냐? 앞장서라!

병사들을 제대로 다스리지 못하는 장군은 전쟁에서 아무 쓸모가 없어. 이번 사건을 반드시 수습해야 돼!

* **영무처** 군사를 훈련하는 기관

얼마 후

중국의 4대 요리

중국은 국토가 매우 넓어 지역마다 기후와 풍토가 매우 달라요.
각 지방에서 나는 음식 재료에 따른 조리법의 발달로 음식
문화에도 지역마다 다른 특색이 있어요. '중국의 4대 요리'는
경제, 지리, 사회, 문화 등 다양한 지역적 특성이 음식 문화와
요리에 그대로 반영된 결과라고 할 수 있습니다.

베이징 카오야(북경 오리구이)

베이징요리

베이징은 지리적으로 중국 문화와 역사의 중심지였기
때문에 궁중 요리와 귀족 요리가 발달했어요. 청나라
황실을 대표하는 '만한전석'은 100여 가지 다채로운
요리가 나오는 궁중 요리의 진수라고 할 수 있지요.
또한 베이징은 북방 지역의 추운 날씨를 견디기 위해 기름기가
많은 고칼로리 음식이 발달했어요. 음식 재료는 생선보다 육류가
많이 쓰이며 조리할 때 강한 불로 짧은 시간에 볶거나 튀기는
요리가 많지요. '베이징 카오야(북경 오리구이)'가 유명해요.

샤오룽바오

상하이요리

상하이는 양쯔강 하류에 위치하고 있어요. 예로부터
'어미지향(魚米之鄕, 쌀과 물고기가 풍부해 살기 좋은 곳)'이라고
불리던 곳으로, 풍부한 농산물과 해산물을 이용한 요리가
발달했지요. 상하이요리는 간장과 설탕, 식초 등을 넉넉하게
사용하여 달콤하고 진한 맛을 내는 것이 특징입니다. 중국식
만두 '샤오룽바오'는 상하이를 대표하는 음식입니다.

쓰촨요리

쓰촨 지역은 분지(산처럼 높은 지형으로 둘러싸인 평지)
지형으로 여름에는 습기가 많고 날씨가 무더워요.
쓰촨 지역 사람들은 매운 음식을 먹고 땀을 흘리는
것이 덥고 습한 날씨에도 건강을 유지하는 데 도움이
된다고 생각했어요. 이 때문에 음식에 매운맛을 내는
고추와 마늘, 파 같은 향신료를 많이 넣었어요.
요리마다 독특한 풍미가 있지만 혀가 얼얼할 정도의
매운맛이 쓰촨요리의 공통점입니다. 얇게 썬 고기나 채소를 끓는
육수에 넣어 살짝 익혀 소스에 찍어 먹는 '마라훠궈'가 쓰촨의
대표 요리입니다.

마라훠궈

광둥요리

광둥 지역은 동남쪽으로 바다를 끼고 있어
온난한 아열대성 기후가 특색이에요. 다양한
해산물을 쉽게 구할 수 있을 뿐만 아니라
과일을 비롯한 여러 가지 식재료가 풍부한
곳이지요. 재료를 푹 삶아 맛을 내는 해산물
요리가 일반적이며, 강한 맛보다는 담백하고
깔끔한 맛이 나는 게 특징입니다.

딤섬

광둥성의 중심지인 광저우는 일찍부터 외국과의 교류가
활발했어요. 이 때문에 서양 요리의 영향을 받은 중국식
퓨전(서로 다른 두 종류 이상을 섞어 새롭게 만든 것) 요리가 많은
것도 광둥요리의 특징이지요. 탕수육이나 딤섬 같은 대중적인
음식이 대표적인 광둥요리입니다.

위안스카이와 차이나타운

'차이나타운'이란, 외국에 사는 중국인 화교들이 세운 중국 문화가 있는 거리를 말해요. 우리나라에서는 인천 차이나타운이 유명해요.

1882년 조선에는 임오군란을 틈타 청나라 군대가 들어왔어요. 이때 위안스카이를 따라 들어온 중국 상인들이 인천 지역에 자리 잡고 상업과 무역에 종사한 것이 인천 차이나타운의 유래가 되었어요. 한국 전쟁(6·25 전쟁) 이후 우리나라와 중국과의 외교 관계가 공식적으로 단절되자 차이나타운의 화교들은 다른 지역으로 흩어지게 되었지요. 그 후 수십 년간 명맥만 겨우 유지하던 차이나타운은 1990년대 초 중국과의 외교 관계가 다시 수립되면서 활기를 되찾기 시작했어요.

인천 차이나타운에 가면 《삼국지》의 명장면을 만날 수 있는 벽화 거리가 있어요.

인천 차이나타운에 가면 마치 중국에 온 것 같은 기분을 느낄 수 있어요. 한자로 쓰인 간판이 달린 중국 음식점을 비롯해 차이나타운의 역사가 고스란히 배어 있는 여러 중국식 건물들이 즐비하답니다.

인천 차이나타운의 《삼국지》 거리

who? 역사 뛰어넘기 ┃ 짜장면의 유래

인천 차이나타운에 있는 중국 음식점 '공화춘'

짜장면은 누구나 즐겨 먹는 국민 음식이지요. 국어사전에서 짜장면을 찾으면 '고기와 채소를 넣어 볶은 중국 된장에 국수를 비벼 먹는 요리'라고 나와요. 짜장면은 우리나라에 정착한 화교들이 중국식 면 요리인 작장면을 한국인의 입맛에 맞도록 단맛이 나게 다시 만든 요리라고 해요. 이름도 작장면에서 짜장면으로 바뀌었지요. 1908년 무렵 인천 차이나타운에서 개업한 공화춘에서 한국식 짜장면을 처음 선보였다고 해요.

《순천시보》 사건이 무엇이죠?

《순천시보》는 일본이 중국에서 발행하던 신문이에요. 저는 민심과
정치 동향을 파악하기 위해 《순천시보》를 틈틈이 챙겨 보곤 했는데,
어느 날 제 큰아들이 《순천시보》의 기사를 조작하여 국민들이
군주제에 찬성한다는 글을 실었어요. 기사를 본 저는 여론이 제가
황제에 즉위하는 것을 찬성하고 있다고 착각하게 되었지요.

한마디로 '가짜 뉴스'였네요?

맞아요. 제 아들은 제가 황제가 되어야 자신도 황태자가 될 수 있다고
생각해서 그런 가짜 뉴스를 만들었던 거예요. 지금 생각하면 정말
부끄러운 일입니다.

5 승승장구하는 위안스카이

1882년 7월 조선에서는 구식 군대의 군인들이 신식 군대와의 차별과 밀린 급료에 불만을 품고 난리를 일으켰습니다. 이것이 '임오군란'입니다.

캉

캉

너희는 이걸 먹을 수 있겠냐.

13개월 만에 겨우 1개월 치 월급을 주면서 겨와 모래를 섞어서 주다니.

조선의 흥선 대원군은 군사들을 달래며 난리를 해결하려고 했습니다.

알겠다. 내가 해결해 줄 테니 일단 해산하고 기다려라.

대원군 나리, 개나 돼지도 먹지 못하는 걸 저희에게 줬습니다.

흥선 대원군(1821~1898)

청나라

조선에서 청나라군의 파병을 급히 요청했다.

자세한 이야기는 천천히 하기로 하고…… 내일 당장 출동해야 한다. 자네 나랑 같이 조선에 가겠나?

물론입니다.

스물네 살의 위안스카이는 오장경을 따라 조선으로 향했습니다.

조선에서 앞으로 장군이 되는 데 좋은 경험을 많이 쌓아야겠구나.

조선

지금 조선은 고종의 아버지인 흥선 대원군과 고종의 비인 *민씨 일파가 권력 다툼 중입니다. 대원군을 중심으로 하는 세력과 민씨를 중심으로 하는 세력으로 나뉘어 있지요.

고종
조선 제26대 왕

민씨
고종의 왕비

흥선 대원군
고종의 아버지

시아버지와 며느리가 대립하고 싸우는군.

폭동을 일으킨 구식 군인들은 흥선 대원군을 지지하고 있기 때문에 민씨 일파가 우리 청나라에게 도움을 요청한 겁니다.

우리가 이 일을 잘 해결해서 청나라의 힘을 보여 줘야 할 텐데.

제게 좋은 생각이 있습니다. 대원군을 납치해 청으로 데려가 꼼짝 못 하게 하면 됩니다.

좋은 생각이야!

* **민씨** 조선의 제26대 왕 고종의 왕비로 훗날의 명성 황후

며칠 후, 숭례문 밖 청나라 군영

군사 일로 상의할 게 있다는 연락을 받고 왔소.

대원군 어르신만 이쪽으로 오시지요.

어디로 가는 거요?

청으로 가서 황제 폐하를 만나 뵙는 게 어떻겠습니까?

지금 무슨 말을 하는 거요?

어서 가마에 태워라.

이게 뭐 하는 짓들이오!

청나라 군대는 흥선 대원군을 납치하여 톈진으로 압송해 갔습니다.

이후 청나라 군대는 즉시 한양의 중심가로 진격해 조선의 병사 100여 명을 체포하고, 임오군란을 일으킨 주모자들을 처형했습니다.

조정에서 급히 부르니 나는 청나라로 돌아갈 것이다. 이제부터 자네가 조선에 주둔하고 있는 청나라 군인들을 잘 지휘하게.

명심하겠습니다.

위안스카이 대인이 행차하신다.

모두 길을 비켜라.

조선의 임금도 아닌 고작 청나라 군인에게 머리를 숙여야 한다니.

오장경이 청나라로 돌아간 후 위안스카이는 조선에서 가장 영향력이 큰 인물이 되었습니다.

대인, 오랜만이오.

별일 없으시죠?

조선의 임금께서 고작 청나라 군인의 눈치를 봐야 한다니. 약소국의 슬픔이로구나.

하하하! 전하를 보면 마치 제 친형님 같은 느낌이 듭니다.

그렇습니까?

저런 무엄한!

그런데 김옥균과 *급진 개화파를 이대로 두고만 보시겠습니까?

무슨 말씀이시오?

일본의 지원을 받는 급진 개화파를 그냥 두면 장래에 청과 문제가 생길 게 분명합니다.

대인께서 그리 말씀하시니 다시 한번 생각해 보겠소.

* **급진 개화파** 구한말에 정치 제도를 혁신하고 자주독립 국가를 세우려고 했던 김옥균, 박영효, 홍영식 등

많이들 먹게.
이 음식들은 조선의 왕도
못 먹는 것일세.

감사합니다.

대인,
큰일 났습니다.

무슨 소란이냐?

김옥균이 정변을 일으켜
고종과 왕비를 강제로 경우궁으로
옮겼습니다. 경우궁은 이미
일본군이 지키고 있다고 합니다.

1884년 10월 김옥균이 이끄는 급진 개화파는 일본으로부터 정변에 필요한 재정적, 군사적 지원을
약속받고, 조선의 자주독립과 개혁을 주장하며 갑신정변을 일으켰습니다.

쨍그랑

급진 개화파가 일본을
등에 업고 기어코 일을
저질렀구나!

이틀 후

김옥균 일파가 청나라에 있는 흥선 대원군을 당장 귀국시키겠다고 합니다.

흠, 급진 개화파가 정권을 장악했으니 조선에 대한 우리 청나라의 영향력이 약해지겠군.

문제는 김옥균 뒤에 있는 일본을 상대해야 한다는 것인데……

대인, 왕비 민씨가 청나라 지원군을 요청하는 편지를 보내왔습니다.

벌떡

옳거니! 일본군과 맞선다 해도 조선 왕비의 요청이니 우리에게는 책임이 없어.

벌떡

청나라 군사들은 지금 당장 출격을 준비하라.

갑신정변은 청나라 군대의 개입으로 고작 사흘 만에 막을 내리고 말았습니다.

이듬해 청나라와 일본은 *톈진 조약을 체결하여 양국 군대를 철수하기로 했습니다.

청나라와 일본 모두 조선에서 군대를 철수합시다.

만약 어느 한 나라라도 조선에 출병하면 다른 나라도 똑같이 출병할 수 있습니다.

그러나 청나라는 위안스카이를 조선에 계속 남겨 두고 조선의 정치와 외교에 대해 간섭했습니다.

이홍장 어르신이 나를 조선에 계속 머물게 한 것은 일본과 러시아의 세력이 조선에 발붙이는 것을 견제하기 위해서야.

전하, 청나라와 제가 조선과 전하를 지켜 드릴 것이니 안심하세요.

알겠소.

갑신정변으로 청나라의 입김만 더 세졌구나.

* 톈진 조약 청나라와 일본이 조선에서 양국 군대를 철수할 것을 약속한 조약

그로부터 몇 년 후 조선에서는 탐관오리의 수탈에 분노한 농민들과 동학교도들이 '동학 농민 운동'을 일으켰습니다.

썩어 빠진 관리들과 외국 세력들을 모두 몰아내고 나라를 바로 세웁시다!

전하, 동학 농민군이 전주성을 함락했다고 합니다.

동학군의 기세가 심상치 않으니 서둘러 청나라에 지원을 요청해야 하지 않겠느냐?

청나라 군대가 조선에 상륙한 다음 날, 일본 역시 텐진 조약을 구실로 조선에 군대를 파병했습니다.

조선을 청나라에 빼앗길 순 없지. 우리도 군대를 파병한다.

청나라와 일본 군대가 조선에 상륙하자 동학 농민군은 조정과 *화약을 맺기로 했습니다.

청과 일본이 우리나라 일에 간섭하는 것은 저희도 원치 않습니다. 두 나라 군대가 자기네 나라로 돌아가면 동학군도 해산하겠습니다.

알겠소. 청나라와 일본에 군대를 철수해 달라고 요청하겠소.

* **화약** 화목하게 지내자는 약속

동학 농민군이 해산했는데도, 일본군은 돌아가지 않고 한양으로 진군하고 있다고 합니다.

일본이 이 기회에 조선을 집어삼키려는 속셈이군. 전쟁이 터지기 전에 조선을 떠나는 게 좋겠네.

청나라와 일본과의 전쟁이 일어날 것을 예측한 위안스카이는 병을 핑계로 청나라 조정에 귀국을 요청했습니다.

1894년 7월 위안스카이는 드디어 청나라로 돌아가는 배에 올랐습니다.

위안스카이가 조선을 떠난 직후 시작된 청일 전쟁은 청나라의 패배로 끝났습니다.

청나라 함대가 침몰했다.

청나라 조정

군대를 개혁할 방법이 있는가?

폐하, 청나라 대군이 일본에 진 것은 있을 수 없는 일입니다. 일본에 패한 이홍장을 파직하고, 군대를 개혁하소서.

위안스카이는 조선에서 신식 군대를 이끈 경험이 있습니다. 위안스카이가 지금 톈진에 머물고 있으니, 그를 불러 군대를 맡기소서.

위안스카이를 당장 조정으로 불러오라.

청일 전쟁의 패배로 개혁의 필요성을 느낀 광서제는 위안스카이를 불러들여 군사 제도를 개혁하려고 했습니다.

그대에게
*정무군을 맡기니,
청나라 군사력을 강하게
하는 데 전념하라.

예, 폐하.

앞으로 청나라 군대는
독일 군대를 본받아 육군을
개편할 것입니다. 우선 독일에서
신식 무기를 들여오고
싶습니다.

좋습니다.

정무군 사령관이 된 위안스카이는 군대를
최신 무기로 무장시켜 청나라 최초의 신식
군대인 신건 육군을 만들었습니다.

발사!

펑 펑

* **정무군** 청일 전쟁 기간에 청나라에서 창설한 육군

몇 년 후

청일 전쟁의 패배로
서 태후 일파의 목소리가
줄어들었습니다. 광서제께서는
요즘 변법에 관심을
가지고 있습니다.

쉬스창, 요즘
조정의 상황은
어떤가?

쉬스창(1855~1939)

변법?

캉유웨이가
주장하고 있는 개혁안
말입니다.

내가 캉유웨이를
한번 만나 보고 싶은데
방법이 있겠나?

캉유웨이를 직접
만나신다고요?

폐하께서
관심을 가지는 일을
나도 좀 알아야
하지 않겠나.

캉유웨이가 변법을
지지하는 사람들을 모으기 위해
강학회라는 단체를 만들었다고
하니, 제가 강학회에 연락해
보겠습니다.

위안스카이는 강학회의 활동을 지원하고 캉유웨이와 친분을 맺었습니다.

얼마 후 광서제는 위안스카이를 조정으로 불러들였습니다.

황제께서 서 태후 일파를 두려워하시니 개혁을 빠르게 추진할 수가 없습니다.

오랜만이군. 캉유웨이, 요즘 변법 시행은 잘되고 있는가?

신건 육군을 이끄는 위안스카이가 강학회를 지원하고 있다지? 그에게 도움을 청하면 어떤가?

그 방법이 있군요! 위안스카이가 우리 편에 선다면 황제께서도 안심하실 것입니다.

위안스카이, 그대가 내 곁에 있으니 든든하구나.

폐하, 저를 비롯한 군사들 모두 폐하께 충성할 것입니다.

황제가
위안스카이를
만났다고?

흠, 위안스카이를
은밀히 불러오게.

예,
알겠습니다.

태후마마,
부르셨습니까?

자네가 신건 육군의
사령관이라지?

자네가 나를
도와준다면 내가 자네를
청나라 제일의 장군으로
만들어 주겠네.

얼마 전에
광서제 폐하를
지켜 드리겠다고
약속했는데…….

폐하의 밀서라고?

이번에 서 태후를 제거하지 않으면 황제 폐하와 나라를 구할 수 없습니다.

서 태후 편에 서야 하나? 황제 편에 서야 하나?

장군, 내일 꼭 이화원을 공격해서 서 태후와 측근들을 모두 제거해 주십시오.

알겠소.

스윽-

같은 떡이라 해도 맛과 크기는 모두 다른 법입니다.

쉬스창, 내가 두 손에 떡을 쥐고 있는데 어떤 것을 먹어야 할지 모르겠네.

맛과 크기가 다르다?

멈칫

장군께서 아무리 큰 공을 세워도, 황제의 마음을 움직이는 것은 캉유웨이입니다. 반면 서 태후 편에 서면 장군의 공이 가장 클 것입니다.

그렇다면…….

결정했다.

위안스카이는 황제와 캉유웨이를 배신하고 서 태후 편에 섰습니다.
그 결과 광서제는 유폐됐고, 변법파들은 쫓기는 신세가 됐습니다.

황제를 후원 별궁에 가두고 한 발자국도 나오지 못하게 하라.

위안스카이가 우리를 배신할 줄 어찌 알았겠습니까.

다다다

캉유웨이와 량치차오가 항구 쪽으로 도망갔다는 보고가 들어왔습니다. 쫓아가서 잡아 올까요?

날개 꺾인 새일 뿐이다. 우리를 반격할 힘도 없을 테니 모른 척해 주게.

위안스카이는 서 태후의 신임을 받아 승승장구했습니다.

그대에게 신식 군대를 계속 맡길 것이다. 앞으로도 나라를 위해 힘쓰라.

명을 받들겠습니다.

척척척!

막강한 군사 지휘권을 가진 나를 이제 아무도 어찌하지 못할 것이다.

군인 정치가 위안스카이

위안스카이는 청나라 말부터 신해혁명에 이르는 중국 근현대사에서 매우 중요한 인물입니다. 그는 조선에서 임오군란과 갑신정변 등에 간섭하며 세력을 넓혔고, 청일 전쟁이 일어나기 직전에 청나라로 귀국하여 신식 육군인 북양 군대의 기초를 마련했어요. 캉유웨이를 배신하고 변법자강 운동을 실패하게 만든 위안스카이는 서 태후의 신임을 얻고 청나라의 실권을 장악하게 되지요. 신해혁명 이후 대총통이 된 위안스카이는 1915년 12월 '중화 제국'을 선포하고 스스로 황제가 되었어요.

위안스카이(1859~1916)

민심을 잃어버린 위안스카이

1915년 1월 일본은 산둥반도를 점령하고 중화민국의 대총통 위안스카이에게 '21개조 요구'를 제시했어요. 일본의 요구 사항은 중국에서 독일이 가지고 있었던 권리를 일본이 그대로 이어받는다는 것이었어요. 일본의 요구는 중국 입장에서는 불평등한 내용이었지만, 위안스카이는 일본의 요구를 받아들이고 조약을 체결했어요. 사람들은 위안스카이의 매국 행위에 크게 분노했고, 조약이 체결된 5월 9일을 국치일(나라가 수치를 당한 날)로

청나라 말기 신식 군대의 훈련 장면

선포했습니다. 이후 중국의 지식인들과 학생들은 반일 단체를 조직해 일본 상품에 대한 불매 운동을 전개했어요. 위안스카이는 일본으로부터 통치 자금을 지원받는 등 나라의 이익보다는 개인의 이익을 위해 권력을 사용했어요. 이 때문에 민심은 위안스카이에게서 등을 돌리게 되었답니다.

조선과 위안스카이

위안스카이는 우리나라의 역사에서도 자주 등장해요.
청나라에서 조선에 들어온 1882년부터 무려 10년이 넘게
조선의 온갖 내정(국내의 정치)을 간섭했지요. 위안스카이는
조선을 감시하고 관리한다는 뜻의 '감국 대신'으로 불렸어요.
당시 조선은 법적으로 독립국이었지만 청나라는 이를 무시했고
군사력을 이용해 조선의 정치를 제멋대로 하려고 했습니다.

흥선 대원군

위안스카이의 조선에 대한 내정 간섭

위안스카이는 임오군란을 진압한다는 명목으로 흥선 대원군을
납치하여 청나라로 압송하고, 조선과 청나라 상인들의 무역
통상을 규정한 '조청 상민 수륙 무역 장정'을 체결시키는 데
큰 역할을 했어요. 이후 청나라 상인들은
조선에서 마음껏 상업 활동을 할 수 있게
되었고, 경제적 권리를 침탈당한 조선
상인들은 큰 위기에 처했어요.
1884년 김옥균을 중심으로 한 급진
개화파가 주도한 갑신정변이 일어났을
때에도 위안스카이는 일본으로부터
고종을 구한다는 명목으로 군사를

조선 왕과 관리들 ⓒ 국립 중앙 박물관

이끌고 공격했어요. 김옥균과 급진
개화파는 청나라로부터 조선의 자주독립을 주장했기 때문에
위안스카이는 온갖 방법으로 급진 개화파를 탄압하고, 고종이
국제 사회에서 자주적인 외교권을 발휘할 수 없도록 방해하며
사사건건 조선의 내정에 간섭했어요.

위안스카이에 대한 평가

위안스카이는 광서제와 서 태후의 권력 싸움을 보며 간사하고 교활하게 자기 이익만을 꾀했어요.

1898년 광서제가 무술변법을 시행하여 청나라를 개혁하려고 했을 때 광서제와 캉유웨이를 배신했어요. 뿐만 아니라 1911년 신해혁명으로 중화민국이 탄생한 이후에는 권력을 장악하고 헌법을 바꿔 스스로 황제의 자리에 올랐지요. 이 때문에 위안스카이는 오랫동안 나라를 망친 주범이라는 평가를 받았어요.

그러나 어떤 사람들은 위안스카이를 긍정적으로 평가하기도 해요. 그들은 위안스카이가 강력한 군사력을 가졌기 때문에 서구 열강의 침입을 막을 수 있었다는 점을 근거로 들어요.

만일 위안스카이가 스스로 황제가 되려는 욕심을 버리고 공화제가 중국에 뿌리내릴 수 있도록 도왔다면 그는 지금 과연 어떤 평가를 받을까요? 역사에 만약은 없다고 하지만 아마 지금과는 다른 평가를 받고 있을지도 모릅니다.

중화민국의 수립을 알리는 포스터

who? 역사 뛰어넘기   청나라의 마지막 황제, 푸이

영화 〈마지막 황제〉

청나라의 마지막 황제인 푸이(선통제)는 1988년에 개봉한 〈마지막 황제〉라는 영화로 널리 알려졌어요. 푸이는 광서제의 뒤를 이어 세 살의 나이에 황제가 된 후 신해혁명으로 자금성에서 갇혀 있다가 일본이 세운 만주국의 꼭두각시 황제가 되지요. 중일 전쟁이 끝난 후에는 소련군의 포로가 되었다가 중국으로 송환되어 감옥에 있다가 풀려났어요. 황제가 평범한 시민이 된 것이죠. 이후 중국 정부는 푸이를 죽기 전까지 고급 관료로 대접해 주었어요.

중화민국과 중화 제국은 어떻게 다른가요?

중화민국은 신해혁명으로 청나라가 무너진 후 1912년에 세워진
국가를 말해요. 쑨원이 공화제를 내걸고 임시 대총통이 되었지요.
중화 제국은 1915년 제가 공화제를 폐지하고 황제가 되어 세운
나라지요.

중화 제국은 금방 멸망하고 말았는데 이유가 무엇인가요?

돌이켜 보면 황제가 되려는 저의 그릇된 야심 때문이에요. 공화제를
지지한 쑨원과 국민들은 물론 그동안 저를 지지하던 군인들조차도
제가 황제가 되는 것에는 반대했어요. 시대의 흐름을 무시한 채
군대의 힘만 믿었던 저의 잘못이 큽니다.

대총통이 뭐야?

원수는 최고의 권력을
지니고 나라를 다스리는
사람이지.

중화민국에서
사용했던 국가 원수를
가리키는 말이야.

6 위안스카이의 몰락

1900년 *의화단이 청나라에 침략한 서양 세력을 몰아내자며 폭동을 일으켰습니다.

개화 반대! 외세 반대!

서양 놈들을 몰아내고 서양 교회를 불태우자.

서구 열강은 청나라에 눈독을 들이고 있는데, 의화단이 서양 세력을 몰아내면 오히려 잘된 일 아니야.

마마, 서양 나라들이 의화단을 진압해 줄 것을 요청하고 있습니다.

서 태후는 서양 세력이 청나라에 간섭하는 것을 싫어했기 때문에 의화단의 힘을 빌려 외세를 몰아내려고 했습니다.

* **의화단** 청나라 때 무술을 수련하던 비밀 단체로, 서구 열강에 반감을 가진 민중들을 모아 외세에 저항했음

태후마마, 큰일 났습니다.

영국, 프랑스, 독일, 러시아, 일본 등이 연합해 군대를 이끌고 베이징으로 오고 있습니다. 연합군의 수가 무려 5만 명이 넘는다고 합니다.

뭐라?

위안스카이를 당장 불러들여라!

위안스카이에게 연락했으나 지금 산둥성에 있어 움직이기 어렵다 합니다.

쾅

이런 괘씸한…….

마마, 서둘러 몸을 피하셔야 합니다.

가마를 준비해라!

위안스카이의 몰락 **137**

서 태후와 광서제는 시안으로 도망쳤고, 청나라는 서양 연합군과 베이징 의정서를 체결하여 사태를 마무리했습니다.

이홍장이 서양 연합국 대표와 굴욕적인 조약을 맺었다는 소식 들으셨습니까?

들었지.

이제 베이징에 외국인 군대가 머물러도 청나라는 어찌할 수 없다니 이게 말이 됩니까?

청나라 황실도 운이 다해 가나 보네.

1908년 광서제가 죽자 서 태후는 광서제의 세 살짜리 조카 선통제(푸이)를 황제로 임명했습니다.
황제가 너무 어린 탓에 선통제의 아버지 순친왕이 *섭정하면서 권력을 잡았습니다.

순친왕(1883~1951)

* **섭정** 군주가 직접 통치할 수 없을 때에 군주를 대신하여 나라를 다스림

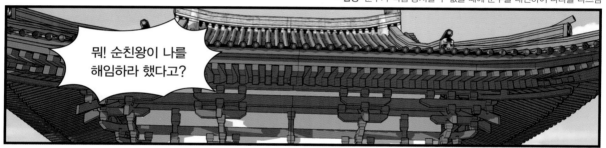

뭐! 순친왕이 나를 해임하라 했다고?

순친왕은 대인의 권력을 두려워하고 있습니다.

가소롭군. 어쨌든 이 기회에 잠시 물러나 숨을 고르는 것도 좋겠네.

1909년 위안스카이는 병을 핑계로 권력에서 물러나 고향으로 돌아가 머물렀습니다.

이제 이 나라는 민중이 주인이 되는 공화제 국가가 되었음을 선포한다.

중화민국 만세!

1911년 후베이성 우창에서는 쑨원을 따르는 혁명파가 청나라를 무너뜨리고 새로운 정부를 수립했습니다. 이것을 '신해혁명'이라고 합니다.

청나라 조정

너희들이 감히 황제의 퇴위를 요구해?

응?

신해혁명으로 궁지에 몰린 청나라 조정은 위안스카이에게 혁명군 진압을 맡겼습니다.

황제를 퇴위시키고, 공화제를 지키겠다고 약속하면 총통 자리를 내게 주겠다고? 나보고 청나라를 배신하라는 말인가?

움찔

좋지, 좋아.

황제를 물러나게 하면 나에게 공화국 총통 자리를 내놓는다는 약속은 반드시 지켜야 할 걸세.

네, 그렇게 전하겠습니다.

대세는 거스를 수 없습니다. 청나라 황실은 이미 *명운이 다했습니다.

위안스카이마저 황실에 등을 돌렸으니 이제 정말 끝이구나.

얼마 뒤 선통제가 퇴위했습니다. 이로써 약 300년 동안 중국을 통치했던 청나라는 멸망했습니다.

* **명운** 앞으로의 생사나 존망에 관한 처지

1912년 위안스카이는 중화민국의
대총통에 취임했습니다.

중화민국의
대총통으로서 공화국을
수호할 것을 선언합니다.

이번 선거에서
쑨원을 지지하는 국민당이
크게 이겼네.

그러게요.

국민당의 대표
쑹자오런이 총리가 될 것이
유력하다고 합니다.

쑹자오런과
권력을 나눠 가질
수는 없지.

무슨 수를
써서라도
막아야 해.

며칠 전 상하이에서
위안스카이가 보낸 자객에 의해
쑹자오런 동지가
암살당했습니다.

위안스카이는 공화제를
무너뜨리려고 합니다. 우리 모두 힘을
합해 위안스카이를 끌어내야 합니다.

옳소.

위안스카이는
물러나라.

독재 반대

공화제
지지

독재자 위안스카이는
물러나라.

국민은 민주 정치를
원한다.

쑨원과 국민당은 위안스카이에게 대항했습니다. 이에 위안스카이는
쑨원을 체포할 것을 명령하고 의회를 강제로 해산시켰습니다.

의회가 사사건건 간섭하면 권력은 약해질 수밖에 없어. 나는 황제가 되어 이 나라를 강하게 이끌기로 결심했네.

화, 황제라고요?

정치를 하는 사람은 이리저리 휘둘려서는 안 되네.

강한 정권이 들어서야 나라가 바로 서는 것이지.

나 같은 강한 인물이 황제가 되어 나라를 이끌어야 하지 않겠나.

하지만 지금 국민들은 민주주의를 원하고 있는데…….

1915년 12월 12일 위안스카이는 '중화 제국'을 선포하고 스스로 황제 자리에 올랐습니다.

민주주의를 열망하던 국민들은 황제가 된 위안스카이에 대해 크게 반발했습니다.

다시 군주제 국가로
돌아가다니 말이 되냐!

가짜 황제 위안스카이는
물러나라!

전국에서
중화 제국에 반대하는
시위를 하고 있습니다.

감히 황제에게
맞서다니!

군대와 경찰을 보내
시위를 진압하라.

윽!

폐하,
괜찮으십니까?

1916년 3월 위안스카이는 황제의 자리에서 물러났습니다.

허허, 하늘이 내린 황제
위안스카이가 다시 평범한
인간으로 돌아왔구나.

같은 해 6월 병이 악화된 위안스카이는 58세의 나이로 눈을 감았습니다.

그야말로
한바탕 꿈이었구나.

청나라 말기의 군인 정치가 위안스카이는 신해혁명 때 실권을 잡아 중화민국의 대총통이 되었습니다. 이후 스스로 중화 제국의 황제가 되었습니다.

청나라의 멸망과 중화민국의 건국에 주도적으로 관여했던 위안스카이. 역사가들은 그를 권력을 향한 야망 때문에 배신을 거듭한 난세의 *간웅으로 평가하고 있습니다.

* **간웅** 간사한 꾀가 많은 영웅

who?와 함께라면 중국이 보인다

인물 중국사 탐구

캉유웨이 · 위안스카이

캉유웨이와 위안스카이는 같은 시대를 살았지만 전혀
다른 길을 걸었어요. 캉유웨이는 청나라가 하루빨리
서양처럼 근대화에 성공해서 부강한 나라가 되길 원했다면,
위안스카이는 급변하는 상황 속에서 자신에게 유리한 것을
찾아 정치적인 배신도 서슴지 않았지요. 두 인물의 삶을 통해
무엇을 느꼈나요?

이제 퀴즈를 풀어 보고 토론을 하며 자신의 의견을 정리해
보세요. 중국의 문화 유적을 살펴보고 재미있는 고사성어를
익히는 것도 잊지 마세요.

자, 중국사
탐험 시작!

• 중국사 퀴즈 '캉유웨이 · 위안스카이' 나도 전문가!

• 중국 견문록 룽먼 석굴

• 고전 한마디 삼일천하 三日天下

• 역지사지 토론방 내가 위안스카이라면 서 태후를 지지한다
            vs 캉유웨이를 지지한다

• 인물연표 I 중국사 · 한국사 연표

'캉유웨이·위안스카이' 나도 전문가!

1 캉유웨이가 주장한 정치 체제로 옳은 것은?

① 봉건제

② 공화제

③ 전제 군주제

④ 입헌 군주제

2 캉유웨이와 량치차오가 개혁에 실패한 후 망명한 나라로 옳은 것은?

① 영국

② 조선

③ 일본

④ 러시아

3 다음 내용에서 설명하는 사건으로 옳은 것은?

> 1882년 조선의 구식 군대가 신식 군대와의 차별에 불만을
> 품고 일으켰던 사건으로, 위안스카이가 청나라 군대를
> 이끌고 조선에 들어오는 결정적인 계기가 되었어요.

① 임오군란　　② 갑신정변　　③ 갑오개혁　　④ 신미양요

4 위안스카이와 관계<u>없는</u> 것은?

① 신해혁명을 일으켰어요.

② 북양 군대를 이끌었어요.

③ 중화 제국의 황제가 되었어요.

④ 조선의 갑신정변을 진압했어요.

5 다음 설명의 빈칸에 들어갈 알맞은 내용을 쓰세요.

> ○○○○ 운동은 중국 청나라 말기에 캉유웨이와 량치차오
> 등의 변법파가 내세웠던 개혁 운동으로, 정치 체제와 교육
> 제도를 통한 부국강병을 목표로 두었습니다. 광서제의 지지를
> 받았으나 서 태후와 보수 세력의 반대로 실패했어요.

답 _____

답 1 ④ 2 ③ 3 ① 4 ① 5 변법자강

룽먼 석굴

룽먼 석굴

중국 허난성 뤄양시의 남쪽에 위치한 룽먼 석굴은 중국의 대표적인 석굴 사원이에요. 2000년 유네스코 세계 문화유산으로 지정되었지요.

역사적으로는 494년 수도를 뤄양으로 옮긴 북위의 황제 효문제가 뤄양 남쪽 지방에 대규모 불교 석굴 사원을 만든 것에서 시작되었어요. 효문제는 불교가 백성들에게 고통스러운 현실을 벗어날 수 있도록 안식을 주고, 사회의 안정을 이루는 데 도움이 될 거라고 생각했어요.

뤄양의 이수이강 양쪽에는 용문산과 향산이 서로 마주하고 있는데, 이 두 산의 암벽에는 마치 벌집처럼 수많은 석굴이 있어요. 남북으로 1킬로미터에 달하는 구간에 2,300여 개의 석굴과 감실(불상을 모셔 두는 곳), 10만여 개에 이르는 불상이 있지요.

룽먼 석굴이 이처럼 엄청난 규모를 갖추기까지는 약 400년이라는 세월이 흘렀답니다. 긴 시간 동안 만들어진 룽먼 석굴의 다양한 석조 작품을 통해 각 시대마다 정치, 경제, 문화, 종교 등이 어떻게 변화하고 발전했는지 살펴볼 수 있습니다.

이수이강 양쪽에 펼쳐진 룽먼 석굴의 모습

룽먼 석굴에 가면 반드시 관람해야 할 곳으로
'봉선사동'과 '만불동'이 있어요.
봉선사동은 당나라 측천무후 때 만들어졌다고
해요. 이곳에는 규모가 가장 크고 예술적인
가치도 높아 룽먼 석굴을 대표하는 마애
석각이 있어요.

봉선사동 마애 석각

만불동에는 1만 5,000여 개의 크고 작은 불상이
있어요. 동굴 가운데 부처가 앉아 있고 그 뒤에
표정과 동작이 다른 52개의 보살이 연꽃 위에
있는데, 이는 극락세계의 아름다운 모습을
나타낸 것이라고 해요.

만불동

who? 더 알아보기+   둔황 석굴

둔황 석굴은 중국 간쑤성에 있는 대표적인 천불동(암벽을 파고 그 안에
불상과 탑을 조각한 절)으로 '막고굴'이라고도 해요.
둔황 석굴은 실크 로드를 통해 전래된 불교가 둔황에서 꽃피운
결과물로, 1,000여 년 동안 수많은 승려와 화가, 석공들이 드나들며
만들었어요. 석굴 안의 벽화는 화려하게 채색되어 있는데 석가모니의
일대기를 그린 것이나 극락과 해탈을 열망하는 내용을 담고 있어요.
둔황 석굴은 우리나라의 역사와도 관련이 있어요. 신라의 승려 혜초가
쓴 《왕오천축국전》이 바로 둔황 석굴에서 발견되었답니다.

유네스코 세계 문화유산으로 등록된 둔황 석굴

삼일천하

三日天下

삼일 동안 천하를 차지함

三	日	天	下
석 삼	날 일	하늘 천	아래 하

三	日	天	下
석 삼	날 일	하늘 천	아래 하

'삼일천하'는 정권을 잡았다가 짧은 기간 내에 밀려나게 될 때 쓰는
말이에요. 조선 후기 급진 개화파가 일으킨 갑신정변에서 유래했어요.
18세기 무렵 근대화에 성공한 서양의 열강들은 무력을 앞세워
동아시아로 진출했어요. 당시 조선의 젊은 지식인들은 서양을 이기는
길은 정치와 교육 제도를 개혁해 근대화를 이루고 부강한 나라를
만드는 것이라고 생각했어요. 그러나 정권을 잡은 흥선 대원군은
강력한 쇄국 정책으로 나라의 문을 굳게 닫고 있었어요. 하루빨리
개혁을 완성하려는 급진 개화파들은 메이지 유신으로 근대화에 성공한
일본의 힘을 빌려 청나라를 몰아내고 근대화에 성공하고 싶었지요.
1884년 김옥균, 박영효를 비롯한 급진 개화파는 갑신정변을
일으켰어요.

하지만 3일째 되던 날 청나라의 위안스카이 군대가 몰려와 궁궐을
장악했고, 갑신정변은 삼일천하로 막을 내리고 말았어요.

* 어떤 일을 할 때 '삼일천하'로 실패하지 않기 위해서는 어떤 준비가
필요할지 적어 보세요.

내가 위안스카이라면 서 태후를 지지한다

1 **내가 위안스카이라면 서 태후를 지지한다.**

위안스카이가 광서제와 캉유웨이를 도와 변법자강 운동을 성공시킨다고 해도 그는 개혁을 주도한 인물이 될 수는 없었어요. 모든 공은 캉유웨이에게 돌아갈 것이 분명했지요. 그리고 개혁 세력들은 소수에 불과했어요. 그보다는 오랫동안 권력을 잡고 있는 서 태후의 편에 서는 것이 훨씬 유리하지요.

✳ **여러분의 생각은 어떤가요? 위안스카이가 서 태후를 지지했어야 한다고 생각한다면 그 이유를 적어 보세요.**

예) 내가 위안스카이라면 서 태후 편에 서겠어요. 캉유웨이의 개혁을 지지하는 세력은 궁궐 안에서도 힘이 없는 광서제밖에 없었어요. 반면 서 태후는 동치제 때부터 황실의 모든 권력을 차지하고 있었어요. 힘이 강한 서 태후 편이 되어 권력을 얻고 싶은 것은 어쩌면 모든 인간의 당연한 욕망이라고 생각해요.

2 내가 위안스카이라면 캉유웨이를 지지한다.

당시 위안스카이는 강력한 신식 군대를 거느리고 있었어요. 또한 캉유웨이를 중심으로 한 변법파가 추진한 개혁 운동에 동조한 적도 있었지요. 만약 위안스카이가 캉유웨이와 광서제를 도와주었다면 변법에 반대하는 보수 세력들을 물리치고 개혁에 성공해 청나라 역사가 바뀌었을지도 몰라요.

* **여러분의 생각은 어떤가요? 위안스카이가 캉유웨이를 지지했어야 한다고 생각한다면 그 이유를 적어 보세요.**

예) 캉유웨이의 변법자강 운동은 청나라를 개혁하고 부국강병을 추구하자는 것이에요. 청나라 말기에는 부정부패만 일삼는 탐관오리의 횡포로 백성들이 고통받고 있었지요. 저는 모두가 함께 잘 사는 사회로 만들고 싶어 했던 캉유웨이를 지지해야 한다고 생각해요.

캉유웨이·위안스카이가 살았던 시대는?

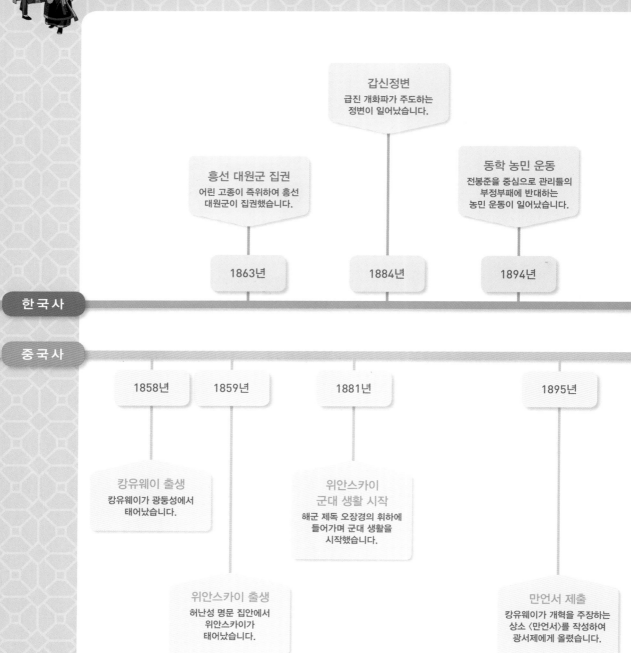

갑신정변
급진 개화파가 주도하는
정변이 일어났습니다.

흥선 대원군 집권
어린 고종이 즉위하여 흥선
대원군이 집권했습니다.

동학 농민 운동
전봉준을 중심으로 관리들의
부정부패에 반대하는
농민 운동이 일어났습니다.

1863년   1884년   1894년

한국사

중국사

1858년   1859년   1881년   1895년

캉유웨이 출생
캉유웨이가 광둥성에서
태어났습니다.

**위안스카이
군대 생활 시작**
해군 제독 오장경의 휘하에
들어가며 군대 생활을
시작했습니다.

위안스카이 출생
허난성 명문 집안에서
위안스카이가
태어났습니다.

만언서 제출
캉유웨이가 개혁을 주장하는
상소 〈만언서〉를 작성하여
광서제에게 올렸습니다.

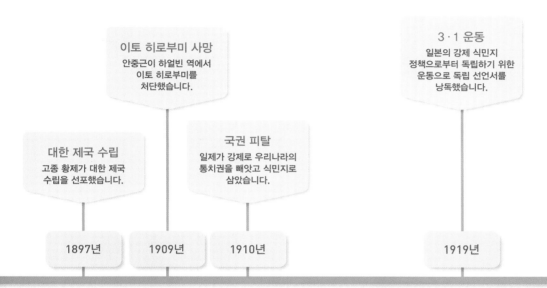

이토 히로부미 사망
안중근이 하얼빈 역에서 이토 히로부미를 처단했습니다.

3·1 운동
일본의 강제 식민지 정책으로부터 독립하기 위한 운동으로 독립 선언서를 낭독했습니다.

대한 제국 수립
고종 황제가 대한 제국 수립을 선포했습니다.

국권 피탈
일제가 강제로 우리나라의 통치권을 빼앗고 식민지로 삼았습니다.

1897년   1909년   1910년   1919년

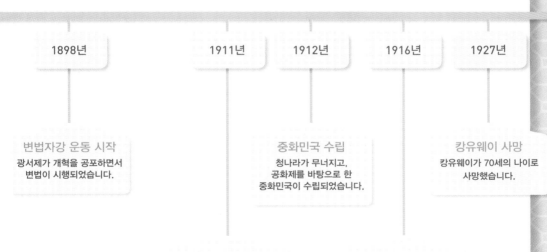

1898년   1911년   1912년   1916년   1927년

변법자강 운동 시작
광서제가 개혁을 공포하면서 변법이 시행되었습니다.

중화민국 수립
청나라가 무너지고, 공화제를 바탕으로 한 중화민국이 수립되었습니다.

캉유웨이 사망
캉유웨이가 70세의 나이로 사망했습니다.

신해혁명
쑨원이 이끄는 혁명군이 신해혁명에 성공했습니다.

위안스카이 사망
중화 제국의 황제에서 물러난 위안스카이가 병으로 사망했습니다.

중국사 · 한국사 연표 중국(원나라~청나라) vs 한국(고려~조선)

칭기즈 칸
몽골 제국 수립

1206년

쿠빌라이 칸
원 제국 수립

1271년

주원장
명나라 건국

1368년

1356년

공민왕
쌍성총관부 폐지

정약용
《목민심서》 완성

1818년

홍경래의 난

1811년

정조
수원 화성 완공

1796년

1840년

제1차
아편 전쟁 발발

1839년

임칙서 아편 몰수

홍수전
태평천국 운동

1851년

증국번 · 이홍장
양무운동

1861년

1860년

최제우
동학 창시

1884년

김옥균 갑신정변

정화의 항해

1405~1433년

1392년
태조 이성계
조선 건국

1443년
세종 대왕
훈민정음 창제

1592년
임진왜란 발발

1598년
이순신
노량 해전 승리

박지원
《열하일기》 저술

1780년

1735년
건륭제 즉위

1616년
누르하치 후금 건국
청나라 중국 통일

청일 전쟁

1894년

캉유웨이
변법자강 운동

1898년

쑨원 신해혁명

1911년

중화민국 수립

1912년

1894년
전봉준
동학 농민 운동

1897년
대한 제국 수립

who? 인물 중국사 (전 30권)